SCHIRLEY HORÁCIO DE GOIS HARTMANN
SEBASTIÃO DONIZETE SANTAROSA

Práticas de escrita para o letramento no ensino superior

Dados Internacionais de Catalogação na Publicação (CIP)
(Câmara Brasileira do Livro, SP, Brasil)

Hartmann, Schirley Horácio de Gois
    Práticas de escrita para o letramento no ensino superior /
Schirley Horácio de Gois Hartmann, Sebastião Donizete
Santarosa. – 1. ed. – Curitiba : InterSaberes, 2012. –
(Série Língua Portugues em Foco)

    Bibliografia.
    ISBN 978-85-8212-211-2

    1. Ensino superior – Pesquisa 2. Letramento 3. Pesquisa –
Estudo e ensino (Superior) I. Santarosa, Sebastião Donizete.
II. Título. III. Série.

12-08520   CDD-378.0072

Índice para catálogo sistemático:
1. Português: Textos: Estudo e ensino 378.0072

Rua Clara Vendramin, 58 • Mossunguê • CEP 81200-170 • Curitiba • PR • Brasil
Fone: (41) 2106-4170 • www.intersaberes.com • editora@intersaberes.com

Dr. Alexandre Coutinho Pagliarini;   Tiago Krelling Marinaska • revisão de texto

Drª Elena Godoy; Dr. Dr. Neri dos Santos e   Denis Kaio Tanaami • capa

Dr. Ulf Gregor Baranow • conselho editorial   Raphael Bernadelli • projeto gráfico

Lindsay Azambuja • editora-chefe   Id-Art • diagramação

Ariadne Nunes Wenger • gerente editorial   Jassany Omura Gonçalves • iconografia

Daniela Viroli Pereira Pinto • assistente editorial

1ª edição, 2013

Foi feito o depósito legal.

Informamos que é de inteira responsabilidade da autora a emissão de conceitos.

Nenhuma parte desta publicação poderá ser reproduzida por qualquer meio ou forma sem a prévia autorização da Editora InterSaberes.

A violação dos direitos autorais é crime estabelecido na Lei nº 9.610/1998 e punido pelo art. 184 do Código Penal.

sumário

apresentação, VII

organização didático-pedagógica, XIV

introdução, XVII

      um   das variações à uniformidade, 21
      dois o texto escrito, 55
      três os gêneros textuais, 91
  quatro resumo e resenha, 133
    cinco relatório e artigo, 181
     seis reescrevendo o próprio texto, 227

considerações finais, 271

referências, 273

bibliografia comentada, 279

anexo, 283

respostas, 295

os autores, 297

apresentação

⁋ OUVIMOS COM MUITA frequência críticas severas às dificuldades encontradas por grande parte dos brasileiros em produzir enunciados escritos. "À boca solta" se diz que não sabemos escrever. Esses comentários, bem vistos, acompanham praticamente toda a história de nossa educação, acirrando-se a partir do início da década de 1970 com a democratização do acesso escolar promovido em nosso país. Nesse período, crianças oriundas das camadas populares do campo e das periferias dos grandes centros urbanos passaram a ocupar lugares nas salas de aulas.

Da mesma forma que talvez essa parcela da população tenha se entusiasmado com os novos horizontes imaginados, é provável que tenha se desiludido com as dificuldades em se adaptar e aprender em um contexto que não havia sido preparado para recebê-la. Após um ou dois anos do ingresso à escola, um percentual expressivo de alunos abandonava o ambiente escolar. Como diria Paulo Freire, o que houve durante as décadas de 1970 e 1980 no Brasil não foi apenas um processo de evasão escolar, mas um verdadeiro processo de expulsão escolar. A escola, preconceituosa e elitista, parecia dizer aos alunos de classes populares que ali não era lugar para eles, pois não tinham "prontidão para a aprendizagem", "não sabiam se comportar", "não sabiam nem falar", "eram incapazes de aprender".

Setores pedagógicos mais progressistas, vinculados ideologicamente a movimentos sociais emergentes, iniciaram amplas campanhas em prol da transformação escolar. A nova utopia pedagógica pregava a construção de uma escola que não reproduzisse as relações sociais opressoras, mas que, por meio de seu currículo e de suas metodologias, fosse promotora da emancipação e da transformação. Os resultados dessas campanhas e mobilizações começaram a aparecer durante a década de 1990, especialmente com o fomento de políticas de não reprovação e a consequente redução nos índices de evasão. A partir de então, mesmo não dominando conteúdos tradicionalmente tidos como indispensáveis para o avanço escolar, tais como a norma padrão de escrita, muitos alunos vêm sendo promovidos a níveis e séries mais elevados. As frequentes afirmações ouvidas nos corredores acadêmicos de que "as escolas estão diplomando analfabetos" são tributárias desse processo.

Diante desse quadro, aumentou o número de alunos que conseguem concluir os níveis da educação básica, teoricamente habilitando-se para ingressar no ensino superior. Como houve também um aumento expressivo na oferta de vagas em cursos de nível superior e, de certa forma, procurou-se facilitar o ingresso a esse nível de ensino mediante políticas de cotas em instituições públicas e a implantação de programas de financiamento nas instituições privadas, muitos alunos que concluem a educação básica, mesmo não possuindo uma formação considerada ideal pelas perspectivas tradicionais, acabam ocupando lugares em cursos superiores. De certa forma, repete-se no nível superior o mesmo processo ocorrido com o ensino básico no início da década de 1970.

Por um lado, isso é muito bom. O acesso à universidade deve universalizar-se e democratizar-se, abrindo suas portas a todos os segmentos populacionais. Entretanto, não podemos fechar os olhos para o problema que vem se criando. Os professores universitários, acostumados com os melhores alunos egressos da educação básica, aqueles que passaram pela rigorosa seleção dos exames vestibulares e que dominam amplamente as habilidades de leitura e de escrita exigidas nas atividades desenvolvidas no âmbito do ensino superior, agora se veem com dificuldades para ensinar.

O meio universitário é tipicamente letrado. Suas atividades fundamentais estão estreitamente vinculadas à escrita. Se os alunos que chegam a esse meio não são proficientes leitores e produtores de texto, há dois caminhos a percorrer. Um é manter uma posição autoritária e excludente, cobrando deles o que não estão aptos a desenvolver e, consequentemente, reprovando-os. O outro é cumprir o que entendemos ser o papel do professor em qualquer circunstância educativa e auxiliá-los na aquisição e no domínio dessa modalidade de linguagem. Em grossas linhas: se o aluno não sabe, cumpre ao professor ensinar!

A obra que ora oferecemos se insere nesse contexto. Nosso objetivo é auxiliar os alunos que estão chegando ao ensino superior e que demonstram dificuldades em produzir textos a manterem uma relação mais produtiva com essa atividade, por meio da adoção de um conjunto de atitudes necessárias e do consequente domínio de algumas habilidades básicas de escrita.

Aprendemos com a pedagogia libertadora* que ninguém ensina nada a ninguém; os homens aprendem em comunhão, mediados pelo mundo. É por isso que, ao longo dos capítulos deste livro, procuramos estabelecer um diálogo com o aluno-leitor. Nesse diálogo, consideramos três conjuntos de conhecimento: o que vêm dizendo as pesquisas científicas da linguagem acerca da atividade de escrita, o que aprendemos durante nossas experiências como professores e o que supomos que os alunos-leitores saibam e pensem a respeito dessa atividade. Relacionar esses conhecimentos é uma tentativa de estabelecer relações entre o mundo das ciências, o universo de conhecimento prático do professor e o mundo da vida experienciada do aluno.

Não espere, portanto, encontrar neste livro lições fechadas, com instruções normativas a serem seguidas, características da grande maioria dos manuais de escrita que circulam no profícuo mercado editorial. Visando desenvolver atitudes linguísticas menos preconceituosas, burocráticas e autoritárias, apresentamos reflexões teóricas acerca de conceitos básicos que nos auxiliam a compreender com mais consistência o que é a linguagem verbal, o que é a escrita e, ainda, as possibilidades de relações sociais que desenvolvemos com ela e por meio dela. Com o intuito de desenvolver habilidades técnicas que levem ao domínio da escrita, apresentamos modelos e análises de textos diversificados, enfatizando os gêneros acadêmicos. Essas atividades são permeadas por exercícios de reflexão, os quais visam à construção de uma consciência mais elaborada sobre a realidade linguística que vivemos e em que vivemos.

No primeiro capítulo, retomamos pormenorizadamente aspectos fundamentais dessa concepção de linguagem que estamos

---

* Concepção pedagógica desenvolvida pelo educador Paulo Freire.

assumindo. Partimos da essencialidade da linguagem na vida humana, no que diz respeito ao estabelecimento das relações sociais, à construção e à transmissão de valores culturais e, ainda, à formação da consciência histórica. Para contrapormos a ideia enraizada no senso comum de que a língua é um sistema unificado e cristalizado, enfatizamos as variações linguísticas de acordo com os contextos sociais, históricos e culturais em que ela é produzida.

No segundo capítulo, enfatizamos algumas das características específicas da modalidade escrita em oposição à modalidade oral da linguagem verbal. O objetivo é demonstrar que a escrita possui algumas características que a aproximam da oralidade e outras que a particularizam, tornando-a uma modalidade de uso da língua que exige o domínio de procedimentos próprios. Iniciamos esse capítulo com a exposição dos elementos envolvidos no processo de interação verbal, tendo como base o modelo enunciativo proposto por Geraldi (1991), ao lado dos fatores de textualidade apresentados por Costa Val (1991).

No terceiro capítulo, procurando avançar para além da noção de textualidade para compreender como funcionam alguns textos nas práticas sociais de que emergem, iniciamos a apresentação de gêneros textuais. Além de buscar maior clareza sobre a natureza dos textos que circulam na sociedade, procuramos refletir sobre o processo de constituição recíproco entre as duas modalidades da língua – a oralidade e a escrita.

No quarto capítulo, a fim de dar continuidade à abordagem dos gêneros textuais, iniciada no capítulo anterior, tratamos especificamente de alguns gêneros produzidos nos meios escolar e acadêmico. Começamos pelo resumo e pela resenha, frequentemente confundidos. Nos dois casos, refletimos sobre como se dão os processos de produção desses gêneros e como eles se estruturam formalmente.

No quinto capítulo, apresentamos dois gêneros textuais inerentes à atividade acadêmica: o relatório e o artigo científico. Partimos da caracterização da esfera de atividade em que esses gêneros se inserem, as funções sociocomunicativas que desempenham e o consequente trabalho dos sujeitos com e sobre a linguagem em seu processo de produção.

Finalmente, no sexto capítulo, destacamos uma das etapas mais importantes da atividade de produção de textos escritos: a revisão e a reescrita. Após uma breve exposição dessas atividades, alinhamos alguns aspectos a serem observados nos textos que escrevemos, apresentando eventuais problemas advindos deles. Concomitantemente a isso, expomos algumas estratégias de reescrita, consistentes da subtração, da substituição e da adição de segmentos de enunciados. Nosso objetivo não é apenas o de adequar a escrita à norma padrão, mas sim o de tornar possível a construção de um texto que goze de aceitabilidade em seu contexto de circulação.

Para concluir, retomamos o fio condutor que perpassa todos os conteúdos e as reflexões apresentadas, enfatizando, mais uma vez, que a proficiência nas atividades de escrita é resultado da inserção ativa do sujeito no mundo letrado, por meio da leitura de outros autores, do diálogo com eles e do posicionamento em relação a eles. Desse processo dialógico emergem as necessidades e os desejos de dizer, sem o que não há trabalho nem "com" nem "sobre" a língua, não havendo, pois, textualização.

Organização didático-pedagógica

Logo na abertura do capítulo, você é informado a respeito dos conteúdos que nele serão abordados, bem como dos objetivos que o autor pretende alcançar.

Você conta nesta seção com um recurso que lhe instiga a fazer uma reflexão sobre os conteúdos estudados, de modo a contribuir para que as conclusões a que você chegou sejam reafirmadas ou redefinidas.

Com estas questões objetivas, você mesmo tem a oportunidade de verificar o grau de assimilação dos conceitos examinados, motivando-se a progredir em seus estudos e a preparar-se para outras atividades avaliativas.

Aqui você dispõe de questões cujo objetivo é levá-lo a analisar criticamente um determinado assunto e integrar conhecimentos teóricos e práticos.

Nesta seção, você encontra comentários acerca de algumas obras de referência para o estudo dos temas examinados.

introdução

EMBORA A LINGUÍSTICA, a ciência dos estudos da linguagem, tenha se desenvolvido muito no decorrer do último século, construindo modelos teóricos e metodologias extremamente sofisticadas, a forma reinante de se compreender a linguagem verbal ainda é mistificadora e dogmática, arraigada em valores disseminados pelo senso comum e muitas vezes reforçados pelos obscurantismos das gramáticas escolares. Esse pensamento dominante apregoa a existência de uma língua única, com regras próprias, prontas e definitivas, as quais devem ser incontestavelmente obedecidas. A desobediência, a ruptura e as variações são consideradas faltas graves a serem combatidas com severidade. Acredita-se que as formas corretas devam ser ensinadas e aprendidas nos bancos escolares por meio de exercícios mecânicos de repetição e do conhecimento de nomenclaturas da gramática normativa.

Em oposição a esse senso comum e filiando-nos às ideias desenvolvidas no âmbito das ciências da linguagem, especialmente pela sociolinguística, pela psicolinguística, pela etnolinguística e pela análise do discurso, concebemos a linguagem verbal como construção histórica, realidade plástica, adquirida, construída e reconstruída, incessantemente, por indivíduos reais em diferentes instâncias interativas. Nesse sentido, afirma Franchi (1992, p. 31):

> *Não há nada imanente na linguagem, salvo sua força criadora e constitutiva, embora certos "cortes" metodológicos e restrições possam mostrar um quadro estável e constituído. Não há nada universal, salvo o processo – a forma, a estrutura dessa atividade. A linguagem, pois, não é um dado ou resultado; mas um trabalho que "dá forma" ao conteúdo variável de nossas experiências, trabalho de construção, de retificação do "vivido", que ao mesmo tempo constitui o sistema simbólico mediante o qual se opera sobre a realidade e constitui a realidade como um sistema de referências em que aquele se torna significativo. Um trabalho coletivo em que cada um se identifica com os outros e a eles se contrapõe, seja assumindo a história e a presença, seja exercendo suas opções solitárias.*

Além disso, para Geraldi (1991, p. 5),

> *A linguagem fulcra-se como evento, faz-se na linha do tempo e só tem consistência enquanto real na singularidade do momento em que se enuncia. A relação com a singularidade é da natureza do processo constitutivo da linguagem e dos sujeitos de discurso. Evidentemente, os acontecimentos discursivos, precários, singulares e densos de suas*

próprias condições de produção fazem-se no tempo e constroem história. Estruturas linguísticas que inevitavelmente se reiteram também se alteram, a cada passo, em sua consistência significativa. Passado no presente, que se faz passado: trabalho de constituição de sujeitos e de linguagem.

Dessa forma, segundo Geraldi (1996, p. 19), nossa constituição como sujeitos também está vinculada ao processo histórico de constituição da linguagem:

> *O sujeito se constitui como tal à medida que interage com os outros, sua consciência e seu conhecimento de mundo resultam como "produto sempre inacabado" deste mesmo processo, no qual o sujeito internaliza a linguagem e constitui-se como ser social, pois a linguagem não é trabalho de um artesão, mas trabalho social e histórico seu e dos outros e para os outros e com os outros que ela se constitui. Isto implica que não há um sujeito pronto, que entra na interação, mas um sujeito se completando e se construindo nas suas falas e nas falas dos outros.*

Essa compreensão de linguagem e de sujeito necessariamente nos leva a negar um modelo único de linguagem a ser ensinado e a ser seguido. Também nos leva a negar processos mecânicos de ensino, nos quais o professor diz como é o correto e o aluno repete o que o professor afirma. Se a linguagem é produto histórico do trabalho coletivo, é na interlocução que a aprendemos, a construímos e a reconstruímos. Não aprendemos as palavras e as tornamos nossas nos dicionários e nas gramáticas; nós as aprendemos dos lábios e das escritas de nossos interlocutores. Ao aprendê-las, não as repetimos simplesmente, mas as assimilamos de forma própria, tornando-as nossas palavras, isso porque cada indivíduo é único e, por meio de seus processos psicológicos mais sofisticados (que envolvem consciência, vontade e intenção), constrói seus significados e recria sua própria cultura (Vygotsky, 1991, p. 64).

A organização que demos a este livro se baseou nessa forma de compreender o processo de constituição da linguagem, do sujeito e das relações que ele estabelece com a linguagem em seu processo de desenvolvimento e de aprendizagem. Também nos guiou em nosso trabalho o objetivo de desenvolver uma consciência crítica sobre esse processo, geradora de atitudes e de habilidades linguísticas necessárias para a inserção produtiva em atividades letradas.

um das variações à uniformidade
dois o texto escrito
três os gêneros textuais
quatro resumo e resenha
cinco relatório e artigo
seis reescrevendo o próprio texto

❰ NOSSO PROPÓSITO NESTE primeiro capítulo é discutir o que é a linguagem. Partimos da essencialidade da linguagem na vida humana no que diz respeito ao estabelecimento das relações sociais, à construção e à transmissão de valores culturais e à formação da consciência histórica. Para contrapor a ideia enraizada no senso comum de que a língua é um sistema unificado e cristalizado, iremos enfatizar as variações linguísticas de acordo com os contextos sociais, históricos e culturais em que ela é produzida. A fim de concluir essa discussão, apresentaremos uma explanação sobre o que são a norma padrão e a gramática escolar.

umpontoum
Linguagem e humanização

Provavelmente, em algum momento de sua vida, você já deve ter parado para pensar no que é a linguagem, qual é sua natureza, o que permite seu funcionamento e como ela funciona. Essa mesma curiosidade já motivou muitos cientistas a desenvolverem estudos sofisticados e rigorosos, dando origem a um campo de investigação de grande tradição no âmbito acadêmico – a linguística. Para iniciarmos nossos estudos sobre a linguagem, fugindo do conhecimento naturalizado, devemos partir de alguns conceitos básicos formulados pelos linguistas e considerar os importantes resultados a que chegaram.

A linguagem, na verdade, tem sido objeto de curiosidade e indagação desde o momento em que o homem começou a pensar suas condições existenciais, remontando os primeiros estudos escritos à Grécia de Platão. Isso demonstra, entre outros aspectos, a importância central que a linguagem exerce na vida humana. Podemos afirmar que é a linguagem que torna possível a humanização como a percebemos. Por um lado, não podemos pensar o homem sem a linguagem; por outro, não podemos pensar a linguagem distanciada da vida, em seus aspectos sociais, culturais e históricos.

Quando dizemos *linguagem*, não estamos nos referindo apenas à linguagem verbal, ou seja, à fala e à escrita. Existem muitos outros sistemas simbólicos que também se constituem em linguagens. Os sinais usados pelos surdos, os sinais de trânsito, os gestos cotidianos, a fotografia, o cinema, a televisão, a música, a arquitetura, a pintura, entre tantos outros sistemas, são linguagens, pois cumprem uma função representativa, apontam para significados exteriores à sua condição material. Existem dois grandes ramos de pesquisa voltados para o estudo das linguagens em geral: a semiologia e a semiótica*. Certamente, alunos de graduação de diferentes áreas entram em contato com conceitos dessas disciplinas. Neste livro, entretanto, nosso foco é a linguagem verbal, mais especificamente a produção de textos escritos.

> ## Para refletir I
>
> Para iniciar nossas reflexões, vamos pensar em dois grupos de pessoas vivendo em duas comunidades distantes:
> a. A primeira vive em uma região de floresta. As principais atividades são a pesca, agricultura de subsistência e a extração de madeira. As pessoas vivem em famílias e, durante a noite, reúnem-se em grupos para contar histórias.
> b. A segunda é um grupo de executivos que trabalham como operadores financeiros em um escritório de um grande banco na cidade de São Paulo, durante 12 horas diárias.
>
> Procure imaginar e fazer uma lista das diferenças entre as formas de uso de linguagem das pessoas pertencentes a esses dois grupos. Ambos escrevem? Escrevem sobre o quê? O que leem? Como leem? O que conversam? Como conversam?

---

* Com fundamentos e métodos distintos, tanto a semiótica quanto a semiologia são ciências que estudam o signo, ou melhor, o processo por meio do qual os objetos simbólicos representam a realidade.

> Agora, procure escrever as possíveis respostas a essas perguntas. Perceba que não se trata da escrita de um texto que será lido por alguém. Trata-se apenas de anotações que você irá fazer para ir organizando algumas ideias que servirão como ponto de partida para o tema que estamos estudando. Portanto, não se preocupe em escrever certo ou errado, bem ou mal. É um texto de você para você mesmo.

umpontodois
Linguagem e sociedade

Na reflexão proposta no exercício anterior, você deve ter imaginado grandes diferenças.

Os executivos possivelmente falam muito ao telefone, consultam informações no computador, elaboram gráficos, cálculos e cartas comerciais. Nos raros momentos de folga, durante o almoço ou o cafezinho, talvez conversem com os colegas sobre possibilidades de ganhos e lucros, sobre novas aplicações, sobre o lançamento de carros novos, sobre a dureza da vida que levam e, não duvidemos, sobre o sonho de viver tranquilamente uma vida longe das atribulações da cidade grande.

Por outro lado, os habitantes da região de floresta devem fazer uso basicamente de gesticulações e da fala presencial. Provavelmente não usam telefones nem computadores, assim como não leem nem elaboram relatórios e gráficos. Entre si, devem falar sobre o tempo e a estação lunar relacionados à pesca e ao corte de madeira, sobre estratégias relacionadas a essas atividades, sobre animais perigosos e animais de caça, sobre a ação de polícias ambientais, sobre as dificuldades da vida na floresta e, não duvidemos, sobre o sonho de ir morar na cidade grande e viver a tranquilidade da vida burocrática, ou sobre o horror dessa possibilidade.

Quando idealizamos esses dois grupos de pessoas, é certo que fizemos uso de estereótipos e deixamos de lado o fato de que os seus mundos são muito maiores do que podemos imaginar. De todo modo, o certo é que a linguagem faz parte de sua vida de forma diferenciada. Não vivem sem a linguagem, pois ela permeia todas as suas ações grupais, possibilitando-lhes a interação comunitária. Entretanto, ambos se relacionam com a linguagem de forma distinta, a utilizam de formas diferentes.

Essas diferenças não se restringem apenas a grupos culturais distantes como os sugeridos anteriormente. Se observarmos ao nosso redor, encontraremos poucas uniformidades nos usos linguísticos. A pesquisa sociolinguística, ramo da linguística que estuda as variações da língua em relação ao contexto social, vem demonstrando desde a década de 1960, com muito rigor, a heterogeneidade linguística em que vivemos. As pessoas falam de acordo com o grupo social a que pertencem, com o nível de escolaridade que possuem, com a faixa etária em que se inserem, com o gênero com que se identificam e com a época histórica em que vivem. Estamos dizendo que as pessoas falam de acordo com suas identidades sociais. Isso nos leva à óbvia conclusão de que em língua não existe certo ou errado, mas sim diferenças.

Percebendo e sistematizando as diferenças e as variações, vários sociolinguistas* desmistificaram a ideia de uma língua ser melhor ou mais bela do que outras. Todas as línguas são sistemas simbólicos ricos e complexos. Em termos de língua, existem o certo e o errado apenas quando elegemos arbitrariamente uma forma de falar e de escrever em detrimento das outras. Nesse sentido, em países estratificados como o Brasil, em que imperam grandes desigualdades na distribuição de bens capitais e simbólicos, as formas de falar e de escrever dos grupos que detêm o poder econômico e cultural acabam prevalecendo e servindo como modelo a ser seguido, ou almejado, pelos demais grupos. A escola, historicamente, encarrega-se de reforçar essa ideia e impor aos alunos uma norma única, configurando como erradas todas aquelas formas oriundas de grupos sociais desfavorecidos.

O debate sociolinguístico deveria ocupar espaço na agenda de qualquer programa sério de formação. Em razão das limitações e dos objetivos deste trabalho, no entanto, vamos apenas ressaltar

---

* A sociolinguística, ramo da linguística que estuda as relações entre língua e sociedade, começou a ganhar corpo com base nas pesquisas desenvolvidas nos Estados Unidos por Willian Labov. A partir da década de 1970, passou a ocupar grande espaço nas pós-graduações de Letras no Brasil. Obras como a de Tarallo (1985) ajudaram a popularizar seus principais conceitos, especialmente entre professores. Hoje temos autores como Bagno (1997; 1999; 2000; 2001) e Bortoni-Ricardo (2004), que procuram escrever obras que dão enfoque aos principais temas sociolinguísticos, voltadas não apenas ao meio acadêmico, mas ao público em geral, tal é a relevância social que atribuem aos estudos dessa área. Temos de estar atentos, entretanto, para o que afirma Faraco (2001): "A linguística não conseguiu ainda ultrapassar as paredes dos centros de pesquisa e se difundir socialmente de modo a fazer ressoar seu discurso em contraposição aos outros discursos que dizem a língua no Brasil. Em termos de língua, vivemos numa fase pré-científica, dogmática e obscurantista".

que condenar determinadas variantes linguísticas é uma forma de condenar os falantes dessas variantes. É condená-los ao silêncio, pois, se eles falam errado, não podem falar, porque serão objeto de riso e de preconceito. Você já deve ter observado inúmeras situações, especialmente públicas, em que pessoas não falam e não escrevem aquilo que lhes seria importante por medo não apenas das possíveis represálias, mas principalmente por acharem que não sabem falar de forma correta.

Podemos afirmar, em suma, que os integrantes de grupos sociais diferentes falam de formas diferentes, e não deficientes. Os jovens falam de uma forma, os adultos de outra, e os idosos, por sua vez, também possuem uma forma de falar característica. As mulheres geralmente têm uma fala mais monitorada, mais cuidada do que a dos homens. Observamos também que estes, em alguns casos, falam com maior "desleixo", até de forma chula, como estratégia para marcar sua masculinidade. As pessoas de maior nível de escolaridade apresentam em suas falas construções sintáticas típicas da escrita escolar. Pessoas de maior poder econômico procuram distinguir-se pela forma de falar. Reconhecemos e identificamos as pessoas por suas formas de falar. Rotulá-las em razão disso, porém, é preconceito. Preconceito tão grave quanto o social, o racial e o de gênero. Preconceito que estigmatiza e exclui.

Informalmente, um professor nos relatou um episódio triste, mas ilustrativo da gravidade do preconceito linguístico, vivido por ele quando era professor de uma escola pública em uma cidade no interior do Estado do Paraná. Quando ele teve que se mudar dessa cidade, a diretora da escola exigiu que arrumasse um substituto para liberá-lo. Não foi difícil encontrar um professor desempregado que precisasse trabalhar. Apresentou-o a ela. Depois da reunião, a sós com a diretora, ela disse ao professor que estava deixando a escola: "Eu não vou te liberar se você não arrumar alguém melhor. Não quero esse negro aqui na minha escola, ainda mais falando desse jeito". O episódio fala por si.

> ## Para refletir II
>
> Em uma escola pública de uma cidade do Brasil, a diretora impediu uma mãe de aluno de participar do conselho escolar. Segundo a diretora, a mãe não poderia participar por mais que quisesse, pois não tinha competência intelectual para isso. Textualmente, ela afirmou o seguinte: "Onde já se viu uma pessoa que fala 'nóis comeu mio no armoçu' participar de um conselho escolar".
>
> Considerando o que foi exposto sobre as relações entre língua e sociedade, você concorda ou não com a diretora? Escreva um texto para ser publicado no jornal da cidade, expondo seu ponto de vista sobre o episódio. Estão em pauta, acima de tudo, o preconceito linguístico e a inclusão social. Não esqueça que esse é um texto para ser lido por alguém que não sabe o que aconteceu na escola. Antes de apresentar a opinião sobre o acontecido, você deverá informar sobre o que aconteceu. Procure fazer isso em um só texto.

umpontotrês
Linguagem e cultura

A mãe mencionada na seção anterior fala "nóis comeu mio no armoçu". Falando desse jeito, ela é compreendida no meio em que vive. Deve interagir e se entender com familiares e vizinhos. Mais do que isso: *milho*, para ela, é *mio*, assim como *almoço* é *armoçu*. Em uma peça teatral* é contada a viagem de dois homens, uma dupla comparável a Dom Quixote e Sancho Pança. Um deles é um fidalgo erudito, o outro um agricultor nordestino. À certa altura da viagem, o nordestino diz: "To co sodade de mia Tereza". O fidalgo corrige, diz que não é *sodade*, que falar desse jeito "é coisa de caipira ignorante". Sozinho em seu canto, o nordestino reflete: "Se for 'saldade', não pode ser de minha Tereza".

A reflexão desse personagem é perfeita. A língua está diretamente ligada às formas de nos relacionarmos com o mundo e de dizê-lo. Da mesma forma que ela é produzida pelos homens em um processo de interação, o que a caracteriza como produto cultural, ela também materializa em si os valores culturais. Nossa relação com o mundo é mediada pela linguagem. Dizer o nome das coisas e compreendê-las é uma forma de dizer o mundo em que vivemos.

As variações etnolinguísticas**, entretanto, não dizem respeito apenas às formas e aos significados das palavras. Elas também estão

---

* Trata-se da peça *O incrível retorno do cavaleiro solitário*, dirigida por Hugo Mengarelli, em 1994, na cidade de Curitiba.
** Etnolinguística é o ramo de pesquisas da linguagem que visa à compreensão das relações entre linguagem e valores culturais típicos de grupos de pessoas.

relacionadas às formas de dizer. Em certa ocasião, um linguista fazia um trabalho de ensino de língua com um grupo indígena na região Norte do Brasil. Em uma sala de aula, simulavam uma situação em que um indígena tinha que ir até a casa de outro para dar-lhe uma informação. Ao chegar à casa do vizinho destinatário da mensagem, o informante não o chamou. Ficou dando voltas em torno dela até que o morador veio atendê-lo. Depois do episódio, o linguista perguntou por que ele não havia batido na porta ou chamado o vizinho. A resposta foi que não se deve fazer isso. De acordo com sua forma de ver o mundo, não se pode perturbar aquele que em casa repousa.

Nesse episódio, podemos perceber muito bem aspectos de linguagem que extrapolam, e muito, questões de ordem textual. Trata-se de um episódio que ilustra muito bem como o uso da língua em diferentes meios culturais recebe modalizações diferentes. O que ocorre é que as formas de organização social e as práticas culturais delas advindas determinam formas de interação, o papel dos interlocutores nessas interações e as respectivas formas de dizer. O que se diz com certo requinte de beleza em um contexto pode soar muito mal em outro, o que é adequado dizer em um contexto pode não o ser em outro, quem pode falar em um contexto talvez não possa falar em outros.

Para refletir III

1. Observe seu cotidiano. Procure perceber algumas diferentes situações de interlocução: no ambiente familiar (entre pais, entre irmãos, entre pais e filhos), no trabalho (entre empregados, entre patrão e empregados, entre chefes e subordinados, entre chefes de mesma hieraquia), entre vizinhos (homens e mulheres, mulheres entre si,

homens entre si), no bar, entre amigos, no quarto com o(a) parceiro(a) sexual, na escola (entre os alunos, entre os professores, entre os professores e os alunos), na igreja e na pregação religiosa etc.

Fique atento aos assuntos tratados nesses contextos, observe a tonalidade de voz, o vocabulário utilizado, a voz de qual interlocutor prevalece, quem pode falar e quem deve manter-se apenas ouvindo, entre outros detalhes que lhe pareçam interessantes. Anote suas impressões em seu caderno durante alguns dias. Realize essa tarefa como se fosse um diário de anotações.

Como o diário é um documento íntimo, do autor para o próprio autor, você terá plena liberdade de expressão.

2. Agora, imagine a cena descrita a seguir e, então, responda às quatro questões que se seguem:

O empregado se aproxima meio encabulado do patrão e diz:

— Me desculpa, patrão, mas é que meu salário está muito baixo...

O patrão, virando o rosto de lado e indo se ocupar de outro afazer, responde:

— Pois não, está desculpado.

   a. Qual é o tipo de relação de poder que existe entre o patrão e o empregado?
   b. Que imagem o empregado faz de si mesmo e do patrão para ir falar com ele sobre algo que lhe é de suma importância (o salário) pedindo desculpas e mais sugerindo interpretações ao patrão do que fazendo uma afirmação?
   c. Que imagem faz o patrão de si e do empregado para responder sobre aquilo que é subsidiário, de menor importância, ou seja, o pedido de desculpas?

> d. Que imagem faz o patrão de si e do empregado para dar-lhe as costas e deixá-lo falando sozinho?
>
> 3. Escreva um texto que ofereça respostas a essas quatro perguntas. Você pode dividi-lo em quatro parágrafos, um para cada resposta.

umpontoquatro
Linguagem e história

Além das variações sociais e culturais, as línguas apresentam variações no tempo. São realidades fundamentalmente históricas, não apenas no sentido de que se transformam no decorrer do tempo, mas no sentido de que estão se construindo e se reconstruindo a todo o tempo. Nada na língua é estático, pronto e acabado. Tudo se refaz e se transforma incessantemente. Se pudéssemos, neste momento, olhar panoramicamente para todo o Brasil e ouvir como falam todos os brasileiros, iríamos encontrar pouca uniformidade. Prevaleceria a variação, as expressões linguísticas antigas e atuais se misturando e disputando espaços entre si – formas clássicas e neológicas, gírias, jargões técnicos, traços fonéticos, ritmos de fala, construções sintáticas, estrangeirismos, arcaísmos e estilos retóricos imiscuindo-se em um emaranhado linguístico extremamente fértil, constituindo a riqueza de nossa língua, sempre se fazendo e se refazendo a cada ato de fala de cada brasileiro.

Se abordarmos a evolução histórica da língua em um sentido linear, entraremos no âmbito dos estudos da chamada *gramática histórica**. Nela aprendemos como as línguas se transformaram para chegar ao estágio atual. Muitas pesquisas realizadas durante os séculos XVIII e XIX procuravam reconstituir a história das línguas e estabelecer suas respectivas famílias. Para esses pesquisadores, o objetivo era saber qual havia sido a primeira língua falada pelos homens (a protolíngua) e como dela se derivaram todas as outras línguas conhecidas.

Como estudantes de português, para entendermos a história de nossa língua, é comum nos reportarmos ao latim. Língua antiga de grande produção letrada, o latim deu origem às chamadas *línguas modernas neolatinas*, tais como o espanhol, o francês, o italiano, o galego, o romeno, o catalão e o português.

O conhecimento dos processos de transformação do latim nessas diferentes línguas é um rico instrumento para entendermos alguns aspectos e mistérios de nossa língua. Caso você tenha interesse nessa questão, existe uma vasta bibliografia especializada nas bibliotecas de Letras. Um bom exercício para compreender alguns processos de evolução de nossa língua é buscar textos do português arcaico e estabelecer comparações entre as formas daquele período e as equivalentes atuais. Em *sites* de busca, você pode encontrar esses textos em profusão. Entretanto, é bom que se diga desde já, esse tipo de conhecimento não torna ninguém usuário proficiente da língua atual.

Entre professores de português e outros detentores de conhecimentos clássicos, são corriqueiros os comentários de que o

---

* O trabalho mais popular de história da língua portuguesa publicado no Brasil é a *Gramática histórica*, de Ismael de Lima Coutinho (1976).

ensino do latim em nossas escolas iria ajudar a resolver os problemas de escrita e de leitura de nossos estudantes. Há, nessas afirmações, dois equívocos. O primeiro consiste em que é o conhecimento do sentido etimológico da palavra que auxilia a compreender seu sentido atual. O segundo é que aprendemos uma língua estudando seu processo de evolução.

Em primeiro lugar, as palavras não mantêm significados fixos. Elas mudam, e muito. O que é necessário é estarmos atentos para os sentidos atuais das palavras que ouvimos e dizemos. A não ser por curiosidade histórica, não adianta nada sabermos o que significou determinada palavra há alguns anos. Palavras como *revolução, liberdade, marxismo, direita* e *esquerda* hoje têm sentidos muito diferentes daqueles da década de 1970. Dizer hoje que alguém é "marxista revolucionário" é impingir-lhe um rótulo pejorativo de pessoa desatualizada. Dizer isso de alguém no início da década de 1970 era denunciá-lo como criminoso. Outro exemplo clássico é o da palavra *formidável*. Há não mais de duzentos anos, o significado dessa palavra era "horrível, muito feio". Hoje tudo o que queremos é ser formidáveis.

Em segundo lugar, e é bom que isso fique muito claro, não aprendemos uma língua estudando seu processo de evolução histórica. Um dos autores deste texto poderia ser um excelente latinista e nem por isso estaria habilitado a escrever este livro, por exemplo. Podemos não saber absolutamente nada de latim, mas, mesmo assim, entender, falar, ler e escrever muito bem em nossa língua. O que ocorre é que aprendemos uma língua e todas as suas sutilezas, tanto na modalidade escrita quanto na oral, nos processos interlocutivos em que nos envolvemos. É mantendo uma relação amorosa com a palavra de nosso interlocutor, ouvindo-a ou lendo-a com a atenção que merece, que podemos compreendê-la e incorporá-la em nossas formas próprias de dizer. Em síntese, é usando a língua que a apreendemos. E, mais do que isso, ajudamos a construir sua história, porque, por nossos lábios, a língua também se transforma, ganha novos coloridos, torna-se mais rica.

Para refletir IV

1. Vamos acompanhar o raciocínio desenvolvido no texto abaixo.

O latim não morreu

As reclamações de professores de todos os níveis escolares são constantes e unânimes: os estudantes escrevem cada dia menos e cada vez com mais dificuldade. Infelizmente não são apenas os professores a constatar essa infeliz realidade. Todos que zelamos pelos bons costumes e aspiramos por dias melhores observamos com tristeza a degradação cultural de que nossos jovens são vítimas. Presas fáceis da indústria cultural do lixo, assistem a filmes bisonhos, ouvem grunhidos no lugar de músicas e não leem nada além de pornografias fanfarronas. A consequência não poderia ser outra. Não sabem falar e não sabem escrever; emitem grunhidos e rabiscam os papéis.

O problema, entretanto, não é apenas de nossos jovens. Eles, como já disse, são vítimas de um processo cultural perverso e desumanizador. Pelas pesquisas de psicologia, sabemos muito bem que todas as pessoas são inteligentes e capazes de aprender aquilo que lhes é ensinado, desde que de forma correta e séria. Dessa forma, todos poderiam aprender a rica complexidade de nossa língua e humanizar-se. O que ocorre, infelizmente, é que nossos pedagogos e professores não compreendem a importância do conhecimento e do ensino da base histórica de nossa língua e de nossa cultura.

O português, tal qual o conhecemos, teve origem em uma língua de vasta cultura escrita e falada pelos romanos na Antiguidade clássica: o latim. O aprendizado dessa língua nos ajudaria a compreender o que fomos e, consequentemente, o que somos. Ajudar-nos-ia a compreender com clareza o sistema linguístico que representa nossos conhecimentos da realidade. A língua é reflexo do pensamento e conhecê-la é imprescindível para organizar nosso pensamento e compreender as ideias mais elaboradas.

Para superarmos os barbarismos juvenis, saber o significado exato das palavras de nossa língua e organizá-las nas frases e nos períodos com precisão, temos obrigação de conhecer a origem histórica de nossa língua, temos que estudar com afinco e determinação nossa língua-mãe, o latim. Conhecer o verdadeiro sentido etimológico de cada palavra é lançar luz sobre as trevas da ignorância. Uma viagem rigorosa pelo tempo poderia nos dar a dimensão exata dos significados e nos permitir organizar de forma saudável nosso pensamento.

Infelizmente, nossos professores não acreditam mais no potencial de inteligência dos alunos. Acham que essa seria uma tarefa árdua que traria poucos resultados porque os alunos não teriam interesse nem habilidades para aprender o latim. Eles ainda vão além, acabaram por abolir das aulas de português até mesmo o ensino das regras gramaticais. O que houve é que não restou absolutamente nada, um verdadeiro caos, em que ninguém sabe mais o que deve aprender e qual é a boa língua que deve ser falada.

2. Vamos tentar contextualizar o texto lido.

Esse texto poderia ter sido escrito por qualquer pessoa que se ocupasse desse tema, certamente. Na verdade, ele representa uma linha de pensamento bastante forte em nossos meios escolares. Vamos imaginar que tenha sido escrito por um antigo professor de sua cidade e que tenha sido publicado em um jornal local.

3. Vamos começar a construir uma resposta ao texto lido.

Vamos simular a escrita de uma resposta ao professor para ser publicada no mesmo jornal.

Em primeiro lugar, vamos retomar a leitura e extrair do texto a ideia central. As perguntas a se fazer são: Sobre o que o texto fala? Qual é a posição defendida pelo autor?

Feito isso, vamos fazer um resumo, parágrafo por parágrafo, separando as principais ideias que sustentam a posição do autor. Vejamos um exemplo:

No texto, o autor fala das deficiências do ensino de português e defende a ideia de que o ensino do latim seria uma solução. No primeiro parágrafo, ele acusa nossos jovens de serem ignorantes e bestiais. No segundo, afirma que a culpa não é dos jovens, mas dos profissionais da educação, que não reconhecem a importância do ensino da história da língua. No terceiro, diz que a língua reflete o pensamento e que um pensamento bem organizado exige o conhecimento da língua. No quarto parágrafo, afirma que o conhecimento da língua exige o conhecimento das origens dessa língua. Finalmente, no último, o autor reforça a ideia da necessidade de se ensinar o latim, acusando os professores de serem descuidados e pouco comprometidos com o futuro da juventude.

Pois bem, temos aí a descrição sintética das ideias do autor do texto. Vamos, agora, examinar cada uma delas à luz do que dissemos anteriormente sobre as relações entre língua e história, língua e cultura e língua e sociedade.

Podemos iniciar combatendo a ideia central do professor. Por um lado, reconhecemos as mazelas do ensino de português; por outro, a grande causa desse problema não é a ausência do ensino do latim, mas a escassez de práticas letradas desenvolvidas por nossos estudantes. Eles pouco leem e pouco escrevem. A escola não tem sido eficiente em seu papel de inserir seus alunos em práticas efetivas de leitura e de escrita, nas quais possam desenvolver estratégias que os tornem proficientes produtores de textos. Não é o ensino de uma língua morta que possibilitaria isso, muito pelo contrário; é o constante envolvimento com textos atuais e significativos que pode levar à formação do autor de textos.

A culpabilização dos educadores pelo fracasso do ensino e pela falta de reconhecimento da importância do latim é outra ideia que podemos contestar. Se nossos professores de línguas não conhecem mais latim e a ele não atribuem importância, é porque se trata de um tipo de conhecimento desatualizado, colocado como fóssil a ser apreciado pelos amantes das antiguidades. Não se ensina latim simplesmente porque não existem pessoas interessadas em aprender latim. Aliado a isso, sabemos muito bem que não é aprendendo a história de uma língua que iremos dominá-la no estágio atual.

Outra ideia equivocada é que a língua reflete o pensamento e que um pensamento bem organizado exige um bom conhecimento de língua. Isso é o mesmo que dizer que as pessoas que falam determinadas variantes linguísticas não sabem pensar... Trata-se de puro preconceito. No quarto e no quinto parágrafo, o autor reafirma suas convicções.

Realizada a releitura, feito o resumo e apresentadas nossas contra-argumentações, podemos iniciar a escrita de nosso texto em resposta ao professor. Considere que o espaço de jornal é caro e que os leitores, em sua maioria, têm preferência por textos de leitura rápida. Dessa forma, procure escrever um texto curto, sintetizando sua posição. Não se esqueça de dizer no início de seu texto que você está respondendo ao artigo do professor publicado nesse jornal.

umpontocinco
Variação e norma: a gramática escolar

Se as línguas, como estamos vendo, são um verdadeiro "balaio de gatos" no que tange às variações e se o erro não existe, podemos pensar que toda pessoa pode falar e escrever do jeito que ela achar melhor. Podemos dizer isso com mais ênfase: não pode apenas, deve!

Se nossa língua é uma boa parcela do que somos, não fazer uso dela de acordo com nossa vontade é uma forma de negar uma boa parcela do que somos. Temos direito de falar e escrever do nosso jeito!

O que nos ensinam na escola, entretanto, não é bem isso. Desde nossos primeiros dias de aula, os professores procuram corrigir nossa fala e enquadrar nossa escrita. Dizem que precisamos aprender a falar e a escrever bem. Entra em jogo, a partir desse momento, a gramática normativa, a qual procura apresentar o que entende como norma padrão.

Norma padrão é o conjunto de formas e construções de uma língua utilizadas por pessoas de elevado grau de escolaridade e que vivem em grandes centros urbanos. Além disso, serve como parâmetro para os meios de comunicação social e para atividades administrativas da vida pública.

A escola acredita que o ato de aprender a norma padrão é uma forma de se inserir nos grupos sociais e nas atividades em que ela é exigida. Ao lado disso, acredita que a norma padrão é aprendida pelo estudo da gramática normativa. É por isso que a escola enfatiza tanto o ensino da gramática.

Embora tenhamos o direito de falar e escrever como melhor entendermos, não podemos desprezar a valor da norma padrão, especialmente para as atividades de escrita. Pareceria no mínimo caótico um quadro social em que cada pessoa escrevesse de um jeito. Entretanto, temos de pensar em alguns aspectos importantes sobre o ensino da norma padrão relacionado ao ensino da gramática normativa.

- Primeiro: Podemos aprender a escrever reproduzindo nossa forma de falar, como ocorre nos anos iniciais de escolaridade, sem nos preocuparmos com a correção de nossa escrita.

- Segundo: Visamos, no decorrer de nossa escolaridade, a aprender a escrita de acordo com a norma, ou seja, escrever "bem". Isso aprendemos à medida que lemos, escrevemos e pensamos sobre a linguagem escrita.

* Terceiro: O aprendizado de nomenclaturas gramaticais, tais como a classificação morfológica das palavras e a definição de conceitos sintáticos, não torna ninguém proficiente usuário da norma padrão. Uma coisa é aprender a língua em uso, outra é aprender conceitos gramaticais.

A esses três pontos devemos acrescentar o fato de que as gramáticas normativas não dão conta de descrever a norma padrão. O modelo de língua de que partem gramáticos como Napoleão Mendes de Almeida, Domingos Paschoal Cegala e Pasquale Cipro Neto é o do texto literário clássico. Esses gramáticos não buscam compreender como funciona a língua efetivamente usada pelos falantes reais. Eles apenas apresentam modelos extraídos de autores antigos aos quais deveríamos nos adaptar. Falar e escrever corretamente, na ótica deles, é seguir os modelos de autores como Camões, José de Alencar e Machado de Assis. A norma padrão atual, de acordo com o que conceituamos no parágrafo anterior, não condiz com a forma de escrever desses autores.

A crítica que fazemos aqui à gramática normativa e à sua aplicação no ensino de língua não é nenhuma novidade. É um discurso que vem sendo repetido década após década. Geraldi (1984), Possenti (1996) e Bagno (2001) são exemplos de autores mais recentes que popularizam essa discussão. Isso não quer dizer, porém, que os estudos gramaticais sérios, voltados para a compreensão dos aspectos morfossintáticos e semânticos da língua, sejam desprezíveis. Pelo contrário, eles são necessários, inclusive para essa discussão que estamos propondo, ou seja, a da variação linguística.

Para refletir V

O ensino de uma única norma, a imposição de formas cristalizadas de dizer e o desrespeito às variações culturais podem trazer mais problemas do que benefícios ao aprendiz de uma língua. Vejamos o relato a seguir.

Rememórias II

Entrei numa lida muito dificultosa. Martírio sem fim o não entender nadinha do que vinha nos livros e do que o mestre Frederico falava. Estranheza colosso me cegava e me punha tonto. Acho bem que foi desse tempo o mal que acompanha até hoje de ser recanteado e meio mocorongo. Com os meus, em casa, conversava por trinta, tinha ladineza e entendimento. Na rua e na escola – nada; era completamente afrásico. As pessoas eram bichos do outro mundo que temperavam um palavreado grego de tudo.

Já sabia ajuntar as sílabas e ler por cima toda coisa, mas descrencei e perdi a influência de ir à escola, porque diante dos escritos que o mestre me passava e das lições marcadas nos livros, fiquei sendo um quarta-feira de marca maior. Alívio bom era quando chegava em casa.

Os meninos que arrumei para meus companheiros eram todos filhos de baiano. Conversavam muito diferente do que estava escrito nos livros e mais diferente ainda da gente de minha parentalha. Custei a danar a aprender a linguagem deles e aqueles trancas não quiseram aprender a minha. Faziam era caçoar.

Nestes casos, por exemplo: eu falava "sungar", os meninos da rua falavam "arribar", e mestre Frederico dizia "erguer". Em tudo o mais era um angu de caroço que avemaria.

Um dia cheguei atrasado e dei a desculpa de que o relógio

lá de casa estava "azangado". Aí o mestre Frederico entortou o canto da boca e enrugou o couro da testa e rerreou a cabeça e ficou muito tempo assim de esguelha fisgado em mim, depois estralou:

— O relógio está o quê?

Ah, meu Deus... Tampei a cara com o livro, e uma coceira descomedida nas popas me pôs a retorcer e a esfregar no banco, como quem tinha panhado bicho. Um menino que gostava muito de mim foi me salvar e embaraçou-se também:

— Ele está dizendo que o relógio da casa dele "escancheou"!

Mestre Frederico derreou a cabeça para o outro lado e tornou a estralar:

— O quê!!!

Ajuntou a boca no maior afinco de estancar um riso quase vertente, ínterim em que a risadagem já ia entornando na sala toda.

— Silên...cio!...

E, peculiarmente, a palmatória surrou miúdo no tampo da mesa.

Em tudo o mais era nesse teor. Era – não: é. Vivi até hoje empenhado na peleja mais dura, com o viso de me acostumar a falar de acordo e não sou capaz. Em estando muito prevenido é que às vezes dou conta de puxar mais ou menos os efes e erres, assim mesmo sujeito a desastrosas silabadas. Descuidei, que seja, resvalo, e quando quero acudir é tarde.

Sem maior esforço, dou conta de arrumar direitinho um fraseado com aparência de erudito, e em pouco prazo estiro no papel uma chorola certinha, conforme preceitua a gramática.

Contar um caso bem contado, com a cautela de não dar motivos a enjoamento em quem vai ler, é que não sou capaz porque tolhido dentro das regras que mestre Frederico me ensinou nunca pude armar uma estória que prestasse. A coisa não expressa, fica tudo pálido, enxabido, um negócio maninho que não há quem traga.

Só desaçaimado de tudo quanto é fiscalização de regras e formas, sou capaz de ajeitar uma prosa sofrível. Aí vou desalojando de dentro de mim as palavras e as formas que trago na massa do sangue, olvido o mundo que me cerca e me engolfo numa lembrança qualquer mal apagada, e assim, às vezes arrumo uma escrita que não enfada muito.

FONTE: Bernardes, 1969, p. 18-20.

Esse texto é um texto literário, em que o autor, por meio do discurso da memória, tenta expor os conflitos linguísticos que viveu e vive. É uma história que não é nossa, leitores, mas poderia ser. Como tal, faz-nos pensar a nossa própria história. Afinal, em algum momento de nossa vida, também não vivemos algum conflito em razão das diferenças linguísticas? Talvez não tenhamos vivido, mas tenhamos presenciado o sofrimento de outras pessoas. Uma história puxa outra. Vamos puxar as nossas. Em um exercício de memória, vamos tentar nos lembrar de algum momento de nossa vida em que a língua tenha sido um problema. Pode ser na infância, quando não entendíamos os adultos; na escola, em meio a desavenças com professores; no trabalho, diante da dificuldade de compreender o patrão; na repartição pública, diante da dificuldade de compreender o que fala o funcionário etc. Escreva seu texto seguindo as dicas de Carmo Bernardes: "Desalojando de dentro de mim as palavras e as formas que trago na massa do sangue, olvido o mundo que me cerca e me engolfo numa lembrança qualquer mal apagada, e assim, às vezes arrumo uma escrita que não enfada muito".

Para refletir VI

Pensando nas variações históricas, sociais e culturais intrínsecas à constituição do que aprendemos a chamar de nossa língua, vamos observar o texto a seguir, publicado como curiosidade pelo *Diário do Nordeste*, de Fortaleza.

Uma sentença à moda antiga

O jornal da cidade de Sergipe descobriu a preciosidade e publicou o resumo, a seguir transcrito, de uma sentença judicial com todo o seu rigor.

"O adjunto de promotor público, representado contra o cabra Manoel Duda, porque no dia 11 do mês de Nossa Senhora Sant'Ana, quando a mulher do Xico Bento ia para a fonte, já perto dela, o supracitado cabra que estava de tocaia em uma moita de mato, sahiu della de supetão e fez proposta a dita mulher, por quem queria para coisa que não se pode fazer a lume, e como ella se recusasse, o dito cabra abrafolou-se della, deitou-a no chão, deixando as encomendas della de fora e ao Deus dará.

Elle não conseguiu matrimônio porque ella gritou e veio em assucare della Nocreto Correia e Noberto Barbosa, que prenderam o cujo em flagrante.

Dizem as leis que duas testemunhas que assistam a qualquer naufrágio do sucesso faz prova:

Considero que o cabra Manoel Duda agrediu a mulher de Xico Bento para conxambrar com ella e fazer chumbregâncias, coisas que só marido della competia conxambrar, porque casados pelo regime da Santa Igreja Catholica Romana;

Considero que o cabra Manuel Duda é um suplicante deboxado que nunca soube respeitar as famílias de suas vizinhas, tanto que quis fazer conxambraças com a Quitéria e Clarinha, moças donzellas;

Que Manoel Duda é um sujeito perigoso e que se não tiver uma causa que atenue a perigança dele, amanhan está metendo medo até nos homens.

Condeno o cabra Manoel Duda pelo malefício que fez à mulher do Xico Bento, a ser CAPADO, capadura que deverá ser feita a MACETE. A execução desta peça deverá ser feita na cadeia desta villa. Nomeio carrasco o carcereiro.

Cumpra-se e apregue-se editais nos lugares públicos.

Manoel Fernandes dos Santos

Juiz de Direito, Vila de Porta da Folha (Sergipe), 15 de outubro de 1883".

O colunista Osmário Santos atesta a veracidade da sentença, que compreende duas folhas manuscritas daquelas de livro de cartório que se encontra arquivado no fórum municipal da cidade de Gararu-SE. Quando foi dada a sentença, Vila de Porta da Folha pertencia ao termo de Gararu.

FONTE: Uma sentença..., 2001.

Esse texto ganhou espaço no jornal impresso como curiosidade pitoresca. Depois de mais de 120 anos de seu proferimento, a sentença do excelentíssimo juiz nos faz rir. E rimos não apenas da pena aplicada ao condenado por violência sexual. Rimos principalmente da língua em que a sentença é versada, pois, pelos nossos padrões linguísticos urbanos atuais, não conceberíamos uma sentença judicial como essa.

> Como exercício, releia o texto e marque nele os elementos linguísticos relativos a variações sociais, culturais e históricas. Depois, tente reescrever o texto de acordo com um padrão atual aceitável.

Síntese

Neste primeiro capítulo, discutimos o que é a linguagem. Iniciamos abordando esse conceito como elemento inerente à vida humana, no estabelecimento das relações sociais, na construção e na transmissão de valores culturais e na formação da consciência histórica. Procuramos nos contrapor à ideia fortemente enraizada no senso comum de que a língua é um sistema unificado e acabado, enfatizando as variações linguísticas de acordo com os contextos sociais, históricos e culturais em que a língua é produzida. Finalizamos com uma explanação a respeito da norma padrão e da gramática escolar.

Atividades de autoavaliação

1. De acordo com as reflexões elaboradas neste primeiro capítulo, é correto afirmar:
   a. As escolas devem ensinar, prioritariamente, os conceitos da gramática tradicional aos alunos para que estes dominem a boa linguagem.
   b. O conhecimento da nomenclatura gramatical leva necessariamente ao domínio da norma padrão e à proficiência na produção textual.
   c. As escolas devem formar seus alunos para que se insiram de forma competitiva no mercado de trabalho, cada vez mais concorrido e exigente. Diante disso, o professor deve ensinar a norma padrão e

combater qualquer tipo de vício ou de barbarismo linguísticos que denuncie a origem social do aprendiz.

d. As escolas, ao ensinar línguas, devem estar atentas para as relações entre cultura, linguagem e identidade, reconhecendo e respeitando as variações linguísticas como ponto fundamental para tornar possível o desenvolvimento do sujeito.

2. Com relação à forma de compreender a língua, é correto afirmar:
a. Trata-se de uma estrutura acabada e imutável que devemos preservar como patrimônio nacional.
b. Possui uma estrutura logicamente organizada que permite expressar os pensamentos de forma lógica e inequívoca.
c. É construída e reconstruída, historicamente, pelos falantes em suas ações socioverbais.
d. Sua estrutura profunda é invariável tanto no tempo quanto no espaço, o que garante a intercompreensão.

3. Sobre as variações linguísticas, é incorreto afirmar:
a. Ocorrem em todas as línguas humanas.
b. Estão relacionadas ao contexto cultural, social e histórico.
c. São resultados da dificuldade das escolas em padronizar o uso da norma culta.
d. Variam socialmente, de acordo com a faixa de renda, com o sexo, com a idade e com a escolaridade do falante.

4. Com relação à aprendizagem da língua, é correto afirmar:
a. Ocorre por meio da realização de exercícios de repetição de frases corretas.

b. Ocorre pela memorização de regras de uso prescritas pelos manuais escolares.
c. Ocorre pelo rigor com que procuramos corrigir nossas formas de expressão.
d. Ocorre nos processos de interação efetiva, em que procuramos agenciar recursos expressivos disponíveis para dizer alguma coisa a alguém.

5. Sobre o panorama linguístico brasileiro, é incorreto afirmar:
a. Não existe uma língua única. Pelo contrário, o que há é a coexistência de várias formas linguísticas, cada uma delas com suas características próprias, igualmente ricas e complexas.
b. O preconceito contra determinadas variantes ainda é corrente.
c. A defesa do respeito às diferenças e às diversidades somada às políticas de inclusão social e de valorização de minorias (que, muitas vezes, são maioria) são questões que também exigem reflexões sobre as variações linguísticas.
d. A má qualidade da educação pública oferecida é visível. Muitos dos alunos que terminam o ensino médio mal sabem falar e escrever corretamente. Estamos, em termos de ensino, diplomando analfabetos. A única forma de resolver isso é recuperar as bases de uma boa proposta de ensino. Resgatar as estratégias do ensino tradicional no que tange ao ensino da boa língua é fundamental.

Atividades de aprendizagem

Questões para reflexão

1. Retomando as considerações deste capítulo inicial e procurando novas informações em dicionários de linguística, em obras especializadas ou em *sites* de busca na internet, apresente uma definição para cada um dos termos a seguir:
   a. Linguística.
   b. Gramática normativa.
   c. Linguística histórica.
   d. Sociolinguística.
   e. Etnolinguística.

2. Formuladas as definições, apresente um exemplo do que faz cada uma dessas áreas de estudo da linguagem.

Atividade aplicada: prática

1. Antes de mais nada, vamos exercitar nossa memória. Para tanto, vamos retornar aos primeiros anos de nossa vida escolar. Desde o contato com a primeira professora e com as primeiras lições, aprendemos muito sobre a linguagem. Muitas ideias foram sendo cristalizadas e, talvez, passaram a nos parecer verdades irrefutáveis.
   O som das vozes dos professores ainda ecoa em nossas cabeças: "Escreva direito!", "Não é assim que se fala isso!", "Quem fala assim é índio!", "Aprenda a falar direito antes de querer dizer alguma coisa", "O certo é dizer 'vou ao banheiro'. Só analfabeto que fala 'vou no banheiro'!" e por aí afora. Neste capítulo, o que procuramos

fazer foi "sacudir" essas ideias para pensarmos um pouco acerca de nossa formação linguística e, quem sabe, passarmos a redimensionar nossas atitudes com a linguagem.

Repensando sua formação escolar, qual é o conjunto de ideias que você detém acerca do que seja linguagem? Em que sentido as reflexões que fizemos ajudaram a repensar essas ideias? Enfim, o que você aprendeu com a leitura e os exercícios propostos neste capítulo? Escreva um texto (pensando nos autores deste livro como possíveis leitores) procurando responder a essas perguntas.

{

um das variações à uniformidade
dois o texto escrito
três os gêneros textuais
quatro resumo e resenha
cinco relatório e artigo
seis reescrevendo o próprio texto

APÓS A DISCUSSÃO geral sobre diversidade linguística realizada no capítulo inicial, iremos enfatizar algumas das características específicas da modalidade escrita da língua em oposição à modalidade oral. O objetivo é demonstrar que a escrita possui algumas características que a aproximam da oralidade e outras que a particularizam, tornando-a uma modalidade de uso da língua que exige o domínio de procedimentos próprios. Iniciaremos expondo os elementos envolvidos no processo de interação verbal, tendo como base o modelo enunciativo proposto por Geraldi (1991). Em seguida, apresentaremos os fatores responsáveis pela textualidade e finalizaremos com as distinções entre texto oral e escrito, procurando oferecer a você instrumentos para poder avaliar a qualidade de um texto e, consequentemente, aperfeiçoar suas habilidades como leitor e produtor de textos.

doispontoum
A produção verbal

Sempre que produzimos um enunciado, oral ou escrito, estamos dizendo algo a alguém. Assim, por exemplo, no momento em que os autores deste livro, diante da tela do computador, escreveram este texto, com certeza pensaram nos seus possíveis leitores, imaginando quem são, onde estão, o universo cultural em que vivem, suas crenças, suas atividades profissionais, suas estratégias de leitura, as formas como pensam a linguagem e a escrita, os motivos por que estão lendo este livro, suas expectativas em torno de uma obra cuja pretensão é ensinar a escrever, entre outras coisas. Todas as informações, os conceitos e os exemplos que ela apresenta, bem como a organização e o estilo adotado são resultado dos objetivos dos autores e das imagens idealizadas que fazem de seus leitores. Nesse sentido, a pessoa para quem os autores desta obra escrevem, o leitor, é parte constitutiva deste texto.

De uma forma geral, podemos dizer que todos os enunciados verbais, orais ou escritos, realizam-se apenas na interação entre dois sujeitos: o que fala e o que ouve, o que escreve e o que lê. Esses sujeitos, certamente, podem ser coletivos. Podemos escrever em parceria com alguém e visar atingir vários leitores ao mesmo tempo, como é o caso do que ocorre neste texto.

Isso soa elementar e talvez não precisasse ser dito, você pode pensar. Infelizmente, as práticas de escrita que aprendemos a desenvolver durante nossa escolaridade nem sempre contemplam essa perspectiva. A escola, sequiosa de ensinar a escrever "corretamente", muitas vezes comete o equívoco de exigir dos alunos a produção de textos que, em vez de transmitirem algo realmente relevante a um dado interlocutor, única e tão somente visam disciplinar os estudantes a grafar corretamente as palavras e a adaptar suas escritas a modelos canonizados. Trata-se de uma aberração discursiva, comparável a falar sozinho.

Nessas atividades escolares, o aluno não precisa trabalhar com e sobre a linguagem para dizer algo a alguém (Geraldi, 1991). Há apenas a necessidade de cumprir uma tarefa escolar, nem sempre muito agradável. O aluno acaba desenvolvendo o que, entre os estudiosos do ensino da escrita, convencionou-se chamar de *estratégias de preenchimento de folha em branco*. Talvez seja essa a causa das inúmeras dificuldades encontradas pelas pessoas para escrever mesmo depois de terem passado anos e anos nos bancos escolares. Na verdade, nunca aprenderam a utilizar a escrita de forma significativa, ou seja, com o intuito de dizer algo a alguém.

Vamos colocar em destaque este ponto: todo texto, oral ou escrito, exige a presença de pelo menos dois sujeitos, sendo que um tem alguma coisa a dizer ao outro.

Chamamos os sujeitos envolvidos no processo de produção verbal de *interlocutores*. Sejam quais forem os interlocutores, estes vivem em um certo tempo e em um certo lugar. Inexoravelmente enraizados em um determinado contexto sociotemporal, os enunciados que produzem, orais ou escritos, sofrem os condicionamentos desse contexto.

De acordo com o contexto social em que estamos inseridos, fazemos diferentes usos da língua, manipulando-a de acordo com exigências típicas desse contexto. Quando escrevemos um *e-mail* para dar um recado a um amigo, quando escrevemos uma carta solicitando emprego, quando escrevemos um texto para ser publicado em um jornal, quando escrevemos um poema para guardar em uma gaveta, quando escrevemos uma redação escolar, quando, enfim, escrevemos em contextos interacionais diferentes, escrevemos de formas diferentes. Isso também vale para a oralidade, pois não falamos sempre da mesma forma. Dependendo de onde e de com quem falamos, alteramos a tonalidade, a forma de abordar o tema, o estilo.

Não podemos esquecer que os contextos sociais de produção verbal também são históricos. Por isso, variam no tempo e no espaço, alterando nossas formas de falar e de escrever. Há alguns anos, por exemplo, até a década de 1990, em épocas de campanhas eleitorais, eram comuns os comícios em praças públicas, com grande presença popular, situação em que o candidato se valia de recursos retóricos inflamados, capazes de mobilizar os eleitores. Após a midiatização das campanhas políticas, esses discursos perderam espaço, ganhando maior destaque as exposições de questões técnicas. É claro que essa mudança tem a ver, também, com as novas exigências dos eleitores, que parecem não querer candidatos que apenas falem bem, mas que demonstrem saber do que estão falando.

> Vamos acrescentar mais uma informação ao ponto que havíamos destacado: todo texto, oral ou escrito, exige a presença de pelo menos dois sujeitos, sendo que um tenha alguma coisa a dizer ao outro, em um determinado contexto histórico e social de interação.

As pessoas não falam em vão. Em todo ato de fala há propósitos, nem que seja apenas o de romper o silêncio. Vamos tentar entender um pouco mais as razões que podem levar alguém a dizer o que diz a um outro alguém. Por exemplo, no caso dos autores deste texto, o que os leva a dizer o que estão dizendo?

Pode ser a necessidade de oferecer conhecimentos relevantes sobre a linguagem a alunos participantes de um curso de formação a distância. Pode entrar em jogo também a remuneração que irão receber por este trabalho ou, ainda, o seu interesse político em oferecer formação linguística a quem deseja. A essas razões podem ser acrescidas muitas outras, das quais nem mesmo eles têm plena consciência.

Embora seja comum as pessoas se voltarem para textos escritos buscando compreender o que chamam de *verdadeiras intenções do autor*, na prática isso é impossível de se atingir. Jamais saberemos quais são as verdadeiras intenções de quem produz um enunciado. Os motivos nem sempre se revelam. Em termos de linguagem, jogamos com nossos interlocutores, disputamos e negociamos significados, ora nos aproximamos, ora nos distanciamos, mostramos e escondemos, seduzimos e somos seduzidos, enganamos e somos enganados. Não há transparência na linguagem. Por isso, sempre que ouvimos ou lemos alguma coisa, devemos estar atentos, tentar perscrutar o que estão nos dizendo e por que estão nos dizendo o que estão dizendo. É claro que não chegaremos a uma resposta exata, mas estaremos dando um grande passo para fugir da ingenuidade e da credulidade. Desde os grandes discursos políticos e científicos até as mais corriqueiras fofocas e deboches do cotidiano, sempre há uma razão para se dizer o que se está dizendo. Nenhuma palavra é em vão e devemos estar atentos a elas.

> Vamos, mais uma vez, acrescentar uma informação à nova definição de texto: todo texto, oral ou escrito, exige a presença de pelo menos dois sujeitos, sendo que um tenha algo a dizer ao outro, em um determinado contexto histórico e social de interação, em razão de algum objetivo.

Vimos até aqui os aspectos externos do enunciado, os interlocutores e os contextos interacionais. Precisamos, agora, contemplar os aspectos internos, ou seja, as formas linguísticas que concretizam os enunciados verbais: as palavras e as sentenças, os parágrafos e as porções maiores do texto. Para que o enunciado se realize, é necessário que o autor agencie na língua os recursos disponíveis necessários para dizer o que tem a dizer. Entram em cena as formas de dizer, isto é, o como se diz o que se diz.

Do lugar social que ocupa, no momento histórico em que vive, de acordo com o seu interlocutor, de acordo com o que tem a dizer e com as razões para dizer, o autor escolhe, entre as alternativas que a língua lhe oferece, aquelas que julga mais convenientes. É claro que não se trata de escolha inteiramente subjetiva, pois o contexto, como vimos, condiciona as formas de dizer.

> ## Para refletir I
>
> Leia o texto a seguir. Procure identificar seus elementos constitutivos: quem o escreveu, quando, onde, sobre o que e para quem escreveu, bem como quais são suas possíveis finalidades e por que escreveu como escreveu.
>
> ### Eu não sei falar português
>
> É muito comum pessoas me confessarem suas dificuldades com a língua portuguesa. Algumas, um pouco ressabiadas, dizem que sabem um pouquinho, "mas bem pouquinho mesmo". Mas já conheci gente mais radical, que teve coragem de afirmar não saber nada de português. Já ouvi coisas assim: "Eu não sei falar nada dessa língua!".
>
> Pessoas do grupo "sabem um pouquinho, mas bem pouquinho mesmo" normalmente se mostram inseguras quanto à grafia de determinadas palavras. As pessoas do "eu não sei nada, absolutamente nada" também têm dúvidas quanto à grafia de algumas palavras, mas também sobre o uso do hífen e o uso do acento grave, aquele que indica crase: "Nós fomos à praia". É claro que as dúvidas não são apenas dessa natureza. Cito apenas as mais comuns.
>
> Antes de mais nada, notemos o seguinte contrassenso: as pessoas que dizem não saber nada (ou saber bem pouco) de português o fazem na própria língua que afirmam ignorar. Não em russo ou mandarim. Por isso imagino que estejam falando sobre alguma dificuldade com a representação gráfica da língua, isto é, a escrita. Embora todos saibamos falar a palavra "cansaço", nem todos conseguimos soletrá-la.
>
> É importante compreendermos algumas diferenças entre fala e escrita. Vamos nos deter apenas no modo como aprendemos as duas modalidades. Não conheço nisnguém que tenha lembranças das

primeiras palavras que balbuciou. Mas conheço muita gente que se recorda das primeiras palavras que escreveu. Aprendemos a falar "de ouvido": com nossos pais, irmãos, amigos de nossos pais etc. Não importa a língua: pode ser inglês, alemão, árabe, português.

A escrita, porém, entra em nossas vidas de outro jeito. Apesar da intensa relação que mantemos com ela desde pequenos, normalmente é na escola que se dá o contato mais formal, mais metódico. No início tudo é meio divertido e desafiador: pintamos, fazemos cobrinhas, rabiscamos, testamos hipóteses. Aí chega o momento em que começamos a aprender que não escrevemos do mesmo modo que falamos.

Mas esse assunto vai longe. Volto a ele na próxima semana.

FONTE: Alves, 2008.

Para refletir II

Muitas confusões em torno da língua – como a do falante nativo achar que não sabe falar sua língua materna – são decorrentes da fragilidade da educação escolar que obtivemos. Como mera curiosidade de pessoa interessada no mundo da linguagem e do ensino de língua, procure perguntar a professores de Português sobre o que eles acham que deve ser ensinado em sua disciplina. Observe o que dizem e a forma como dizem. Verifique se são claros em suas posições, se têm convicção do que afirmam. Anote suas impressões a respeito das respostas que obteve. Provavelmente você colherá diferentes respostas e todas muito vagas. Levante os pontos em que elas não coincidem e, por isso, são causadoras de dúvidas.

> Por exemplo, deve-se ou não ensinar gramática, deve-se ou não corrigir erros de grafia, deve-se ou não exigir a leitura de determinados textos etc. Depois, escreva um texto endereçado à coluna do leitor de um jornal de sua região cobrando dos professores de português uma posição clara acerca dos pontos polêmicos.

doispontodois
Fatores de textualidade

Vimos, até este ponto, quais elementos são necessários para que um texto seja realizado. Vamos, então, tentar aprofundar um pouco mais nossos conhecimentos sobre esses elementos e tornar nossa discussão um pouco mais técnica.

Desde o final da década de 1970, passando pelos anos de 1980 e 1990, tivemos no Brasil uma grande produção de pesquisas linguísticas voltadas para a análise de textos.

No início dos anos 1970, o acesso à educação básica começou a ser popularizado no país. Crianças oriundas de diferentes segmentos sociais começaram a chegar à escola. Por um lado, porém, essa instituição não estava preparada para recebê-las; por outro, essas crianças não estavam preparadas para cumprir as exigências que lhes foram impostas. A escola não havia sido feita para elas nem elas para a escola. O que se verificou de imediato foram as dificuldades em aprender a ler e a escrever. O aprendizado e o domínio da escrita passaram a ser um problema.

Ao lado disso, os exames vestibulares começaram a ser mais concorridos e a redação se tornou objeto de avaliação. De posse das redações dos vestibulandos, os corretores desses textos, professores universitários formados em Letras, constataram que a escola não estava conseguindo ensinar os jovens a escrever. As reinantes e renitentes aulas de gramática, de história da literatura e de interpretação de textos então vigentes não estavam tornando os estudantes proficientes usuários da língua escrita.

Uma das primeiras obras voltadas para a análise de textos de vestibulandos e para a explicitação dos problemas neles encontrados foi *Problemas de redação*, do professor e pesquisador Alcir Pécora, publicada em 1983. Concomitantemente a esse trabalho, surgiram várias outras pesquisas sobre as atividades de escrita e de leitura escolares. Uma das obras responsáveis pela difusão dessas pesquisas no meio educativo foi *O texto na sala de aula*, lançado em 1984, coletânea de artigos organizada pelo linguista João Wanderley Geraldi. Nesse livro são evidenciadas muitas mazelas, muitas dificuldades e ineficiências das práticas de ensino da escrita, mas também são sugeridas propostas de renovação didático-pedagógica calcadas em consistente fundamentação teórica*.

Dessa forma, ao mesmo tempo em que se desvelavam os problemas, começavam a surgir as propostas para solucioná-los, algumas delas com ares revolucionários. Nas divergências entre os

---

* Outras duas obras bastante divulgadas que marcaram esse período foram *Língua e liberdade*, de Celso Pedro Luft (1985), e *Linguagem e escola: uma perspectiva social*, de Magda Soares (1993).

discursos mais conservadores e as novas propostas*, instalou-se uma grande contenda em torno do que e do como se deveria ensinar em língua portuguesa, ou seja, em torno dos conteúdos e da metodologia da disciplina.

Essa contenda persiste até hoje, e não são raras as discussões em torno da necessidade ou não de se ensinar gramática, de se corrigir ou não ortografia, de se impor ou não uma única norma. Os professores de português, em muitos casos, parecem ainda estar em busca de seu objeto de ensino, como você deve ter observado na breve pesquisa que realizou no exercício anterior.

Embora reconheçamos que essas questões pedagógicas sejam de elevada importância política, não vamos nos aprofundar em suas considerações neste momento por não ser esse o objetivo primeiro deste livro. No decorrer de sua vida acadêmica, provavelmente você terá oportunidade de discuti-las com mais tempo. Entretanto, é importante destacar questões-chave desse contexto histórico de efervescência de ideias em que tanto a pesquisa do texto quanto o ensino centralizado no texto ganharam vida.

A lógica subjacente à proposta que coloca o texto como objeto e as práticas de leitura e de escrita como metodologias de ensino de português é bem simples.

Em primeiro lugar, devemos ter em vista que o ensino da nomenclatura gramatical e da análise dos elementos formadores da frase não habilita ninguém a tornar-se um leitor ou um escritor proficiente. Podemos saber toda a nomenclatura da gramática e

---

* As novas propostas, em razão de suas bases teóricas e de seus objetivos de ensino, também são bastante diversificadas e divergentes. Entre elas também há desacordos e disputas.

classificar todas as palavras, mas nem por isso poderemos nos considerar escritores ou leitores qualificados. Não são raros os professores especialistas em gramática que não conseguem escrever textos simples. Julgam-se, em alguns casos, verdadeiros doutores em língua, mas não escrevem absolutamente nada além de preencher alguns formulários exigidos pela escola em que dão aulas. Mesmo correndo o risco de sermos repetitivos, é importante frisarmos que saber gramática é uma coisa, saber ler e escrever é outra.

Em segundo lugar, devemos considerar que a unidade básica de interação verbal não é a frase isolada, mas o texto completo e contextualizado. Ou seja, ninguém diz ou escreve por frases soltas, mas as engendra de forma organizada, procurando estabelecer um sentido completo, quando, de um determinado lugar, quer dizer alguma coisa a alguém, abrindo espaço para que esse alguém (interlocutor) possa oferecer a sua resposta. O texto, e não a frase, é a unidade básica de comunicação.

Acrescente-se a essas duas considerações o fato de que aprendemos a ler e a escrever nas atividades práticas de leitura e de escrita que desenvolvemos, da mesma forma que aprendemos a falar falando, a andar andando, a nadar nadando. Quem não tem oportunidade de ler e escrever não pode aprender a ler e escrever. E o que lemos e escrevemos são textos, não frases soltas.

Com base nesses fundamentos, o texto ganhou o *status* de objeto de ensino de língua materna. Dessa forma, o mais importante para o professor de português passa a ser a formação de um aluno que compreenda e produza textos, posicionando-se como sujeito histórico, responsável por seu tempo e pela construção do espaço político em que vive, participando de processos letrados efetivos.

Na tentativa de explicar o que é o texto como objeto de estudo e de ensino, a linguística textual já detém um grande número de trabalhos publicados. Uma obra que ganhou grande destaque entre os linguistas e professores é o livro *Redação e textualidade*, de Maria da Graça Costa Val (1991). Essa autora apresenta, de forma bastante didática e com muitos exemplos de análise, o que chama de *fatores de textualidade*, oferecendo um bom instrumento metodológico para que possamos definir o que seja um texto e avaliar a sua qualidade, isto é, dizer se é ou não é um bom texto*.

De acordo com essa autora, são sete os fatores responsáveis pela realização de um texto. Esses sete fatores são divididos em dois grupos. Para nossa exposição, vamos considerar o primeiro grupo, aquele constituído por fatores pragmáticos ** relacionados ao processo sociocomunicativo do texto: informatividade, intencionalidade, aceitabilidade, situacionalidade e intertextualidade. O segundo grupo, por sua vez, é constituído por fatores centrados no texto: a coerência e a coesão. Podemos pensar o primeiro grupo como sendo de ordem externa ao texto, mais relacionado ao contexto interacional; o segundo, de ordem interna, relacionado à organização das partes do texto.

Não podemos perder de vista que esses sete fatores, embora sejam, para fins didáticos, apresentados separadamente, são interdependentes. O texto é um todo complexo e não pode ser visto apenas

---

* O modelo apresentado por Costa Val (1991) é baseado no modelo proposto por Beaugrande e Dressler. Embora já bastante criticado e contestado no meio acadêmico, trata-se de um modelo de grande eficácia didática, por isso recorreremos a seus principais conceitos.

** *Pragmático* é relativo à pragmática, viés de estudo da linguagem que visa estudar o que é feito com a linguagem nas atividades práticas de uso.

por um ângulo. Nesse sentido, Costa Val (1991, p. 36) afirma que "as ocorrências de um texto não devem ser analisadas 'per si', mas o texto deve ser percebido e interpretado integralmente, cada elemento sendo avaliado em função do todo". Cientes desse aspecto, vamos iniciar nossa exposição acerca dos fatores pragmáticos.

Informatividade

Trata-se da capacidade que um enunciado tem de informar um leitor, ou seja, dizer alguma coisa. Um texto não pode informar nem mais nem menos daquilo que corresponde às expectativas do leitor. Se, por exemplo, o texto diz tudo aquilo que o leitor já sabe, se apenas repete o senso comum ou aquilo que em muitos outros textos já está dito, não há razão nenhuma para ser lido. Por outro lado, se o texto traz informações muito além daquelas que dele se esperam, talvez não seja interessante para um determinado leitor ou não seja compreendido por ele, perdendo a eficácia comunicativa.

Intencionalidade

É o querer dizer do autor com o fim de atingir determinados objetivos. Como dissemos anteriormente, é impossível conhecer as verdadeiras intenções do autor de um enunciado. Diante disso, vamos entender o termo *intencionalidade* como "direção de sentido". A ideia é perceber para quem está sendo dito o que se está dizendo e por que razão; é verificar em qual cadeia de diálogo o texto se enquadra, ou seja, a quem responde e a quem se direciona.

Aceitabilidade

É a ação do interlocutor, ouvinte ou leitor, voltada a reconhecer o texto como relevante e a atuar cooperativamente no sentido de procurar atribuir sentido à palavra do autor. Todo texto apenas se realiza como tal se tiver um leitor que atribua sentido a ele. Se o leitor não o aceitar e não lhe oferecer uma resposta, não há texto, apenas palavras mortas. O leitor envida o texto. Nada pior para uma palavra do que não obter resposta, como lemos nos textos de Mikhail Bakhtin, um dos maiores filósofos da linguagem. Isso porque a palavra sem resposta se perde no isolamento.

Situacionalidade

É o contexto interlocutivo em que se realiza o texto. Dependendo da situacionalidade, os textos podem adquirir diferentes sentidos. Vejamos, por exemplo, a palavra *negrinha*. Enunciada em uma situação de afetividade, pode soar carinhosa. Porém, em uma situação de conflito, se proferida, pode desvelar enorme preconceito e grave ofensa. Nesse mesmo sentido, vamos considerar uma placa de trânsito colocada ao lado de uma autoestrada que corta um aldeamento indígena. Nessa placa está escrito: "Cuidado, índios na pista". No lugar em que foi colocada, como alerta aos motoristas, poderia funcionar da mesma forma que as placas que trazem o alerta "Cuidado, pedestres na pista" ou "Cuidado, crianças na pista", incentivando cautela e redução de velocidade. Porém, se uma pessoa que se preocupasse com os conflitos sociais fotografasse essa mesma placa e a colocasse em um texto que denunciasse o processo de exclusão e marginalização sofrido pelos povos indígenas, o enunciado da primeira placa teria um sentido bem diferente. Passaria, então, a constituir-se na denúncia de uma forma explícita de preconceito: os índios não são vistos como pessoas ou como crianças pelo poder público responsável por aquela sinalização, são seres de outra espécie. Esses são apenas dois exemplos ilustrativos, mas não podemos perder de vista que todo texto depende da situação de interlocução em que é produzido.

Intertextualidade

São as relações de dependência existentes entre os textos. O reconhecimento de um texto depende do conhecimento de outros textos. De forma implícita ou explícita, todo texto traz referências a outros enunciados da cadeia verbal, citando-os, reafirmando-os, completando-os, negando-os, questionando-os, ilustrando-os, parafraseando-os, parodiando-os. Conhecer essas referências entre textos é fundamental para compreendê-los.

> **Para refletir III**
>
> Leia os quatro textos reproduzidos a seguir. Durante a primeira leitura, seu objetivo deve ser o de tentar levantar uma hipótese sobre os fatores contextuais envolvidos no processo de produção desses textos: onde foram produzidos, sobre o que informam, por que e por quem foram produzidos e quais são seus possíveis leitores.

Cotas raciais (1)

A política de cotas raciais está equivocada. No fundo pode até haver algumas boas intenções, mas parece mais uma política populista que não gerará desenvolvimento social.

O Brasil é um país livre, onde as pessoas podem viver em paz, distantes das guerras e dos conflitos raciais. Todas as pessoas têm liberdade, vivemos em uma democracia.

Essa história de cotas vai fazer com que os negros sejam mais discriminados ainda. O importante é criar uma boa escola pública para todos. Fortalecer a base pode resolver o problema.

Cotas raciais (2)

É quase inacreditável que em pleno século XXI seja adotada uma medida política tão retrógrada como a que estabelece cotas raciais em universidades públicas brasileiras. Mais do que superar desigualdades, essa é uma forma de acirrar os preconceitos e fomentar disputas étnicas.

Se no passado longínquo os negros foram subjugados, hoje o Brasil é um país democrático que oferece oportunidades iguais a todos, dependendo do esforço e da dedicação de cada um. As portas das universidades, independentemente de raças, estão abertas para todos.

Para conquistar uma vaga, basta que o candidato demonstre os conhecimentos exigidos.

Reservar um percentual de vagas a negros é uma forma de dividir a população brasileira, de dizer que existem aqueles que são capazes de conquistar uma vaga por esforço próprio e aqueles que não o são em razão de suas limitações. Isso é um enorme preconceito cultural, pois é o mesmo que dizer que existem raças e culturas inferiores.

Junto ao acirramento do preconceito, vêm as disputas étnicas. Os brancos que perderem suas vagas para os negros vão se sentir injustiçados e poderão emergir focos de ódio contra os negros.

Cotas raciais (3)

Não podemos, de forma alguma, aceitar as políticas de cotas raciais no Brasil. Esse é um país justo, em que impera a igualdade, que deve continuar imperando. Não dá para aceitar que um grupo de pessoas que nunca se esforçou, que nunca teve um aproveitamento escolar decente e que vive às margens do bom convívio social seja, agora, beneficiado com vagas especiais. Só se forem vagas para malandragem.

Cotas raciais (4)

Não podemos ser contra as cotas raciais em universidades públicas sem antes fazer uma profunda reflexão sobre a constituição histórica do povo brasileiro. Dizer, por exemplo, que oferecer vagas a grupos étnicos é romper com os princípios de igualdade reinantes no Brasil é ignorar a histórica marginalização a que muitos grupos foram submetidos. As linhagens brancas europeias sempre mantiveram a hegemonia econômica e política, dominando os diferentes meios de produção, apropriando-se das riquezas geradas e direcionando novas propostas desenvolvimentistas.

As universidades, como espaço estratégico de avanço cultural, técnico e científico, estiveram sempre a serviço dos interesses desses grupos. Aos negros e indígenas couberam, inicialmente, o trabalho forçado, a chibata e a senzala. Com a abolição, legaram o desemprego, o analfabetismo, as favelas... Como pode haver igualdade entre pessoas com histórias tão distintas?

Para responder às questões propostas, observe os textos em conjunto. As quatro produções têm mais ou menos a mesma extensão. Todas elas têm um mesmo título, abordam um mesmo tema e parecem dar uma resposta a uma mesma pergunta: "O que você pensa a respeito de cotas raciais em universidades públicas?". Observe também que o domínio da escrita não se diferencia muito. Todos apresentam correção gráfica. Com relação ao posicionamento a respeito do tema, apenas o último texto destoa dos demais.

Se você chegou à conclusão de que esses textos foram escritos em um ambiente de sala de aula, mais especificamente em uma aula de redação de um curso preparatório para exames vestibulares, você acertou. São textos que apresentam características típicas de textos de vestibulandos. Conhecendo esse contexto, vamos, com base nos critérios de textualidade apresentados anteriormente, apurar nossa análise:

a. Descrever a situacionalidade em que ocorreu a escrita desses textos: o que é um vestibular, como pensam e se comportam os candidatos que dele participam, o que pretende um vestibulando.

b. Procurar inferir as intencionalidades dos autores: quais são os objetivos de um vestibulando, qual é o ponto de vista dele a respeito das expectativas dos avaliadores, qual é a concepção dele de um bom texto escrito, qual é o conjunto de ideias que deve desenvolver no tocante ao tema proposto etc.

c. Identificar as informações que os textos trazem: se repetem o senso comum, quais são os discursos nos quais se fundamentam, qual deles traz informações mais relevantes para o debate etc.

d. Reconhecer as relações de intertextualidade presentes nos textos: a que outros textos os dizeres dessas redações remetem o leitor e que devem ser do conhecimento dele para que possa entender o posicionamento do autor.
e. Perceber se alguns dos textos podem não ter aceitabilidade: apontar qual deles pode vir a ser rejeitado e a razão da possível rejeição.

Coesão e coerência

Para discutirmos coesão e coerência — fatores de textualidade relacionados à estruturação interna do texto, vamos retomar o primeiro dos quatro exemplos apresentados no exercício anterior:

Cotas raciais (1)

A política de cotas raciais está equivocada. No fundo pode até haver algumas boas intenções, mas parece mais uma política populista que não gerará desenvolvimento social.

O Brasil é um país livre, onde as pessoas podem viver em paz, distantes das guerras e dos conflitos raciais. Todas as pessoas têm liberdade, vivemos em uma democracia.

Essa história de cotas vai fazer com que os negros sejam mais discriminados ainda. O importante é criar uma boa escola pública para todos. Fortalecer a base pode resolver o problema.

Considerando os fatores de textualidade que comentamos nos subitens anteriores, vamos pensar em uma avaliação possível desse texto, que você pode, até mesmo, já ter feito.

Um leitor mais experiente pode não aceitá-lo, atribuindo-lhe, no caso do exame vestibular, uma nota muito baixa.

Embora o texto não apresente problemas de ortografia, de gramática e de recursos gráficos, ele não oferece a resposta que dele se espera, ou seja, não apresenta um posicionamento claro acerca da política de cotas raciais. Provavelmente o autor careça de informações mais consistentes a respeito do tema e não tenha muito a dizer a respeito dele. Dessa forma, diante da necessidade de escrever imposta pelo concurso vestibular, o aluno opta pelo que chamamos de *estratégia de preenchimento de folha em branco*, justapondo uma frase após a outra sem estabelecer entre elas elos lógicos de sentido. Como resultado, o texto acaba apresentando problemas de ordem interna, relacionados à coesão e à coerência.

Coesão, segundo Koch (1992, p. 18), diz respeito "ao modo como os componentes da superfície textual – isto é, as palavras e as frases que compõem um texto – encontram-se conectadas entre si numa sequência linear, por meio de dependências de ordem gramatical". Coerência, por sua vez, de acordo com Koch e Travaglia (1991, p. 39), é "um princípio de interpretação e compreensão do texto, caracterizado por tudo de que o processo aí implicado possa depender, inclusive a própria produção do texto, à medida que o produtor quer que seja entendido e o constitui para isso".

Apesar de alguns autores considerarem coerência e coesão níveis diferentes de análise, Koch e Travaglia (1991) afirmam que existe uma relação de dependência entre coesão e coerência porque "a coerência é estabelecida a partir da sequência linguística que constitui o texto, isto é, os elementos da superfície linguística é que servem de pistas, de ponto de partida para o estabelecimento da coerência".

Compreendendo o texto dessa forma, ou seja, em sua totalidade, vamos observar como se constroem os mecanismos de coesão e de coerência no texto que tomamos como exemplo.

No primeiro parágrafo, o autor apresenta uma posição sobre o tema e um argumento a favor dela. Sua posição é contrária à implementação dessa política, a qual é, segundo ele, equivocada. Os dois argumentos que apresenta são: ser uma política populista e ser uma política que não trará desenvolvimento social.

Como leitores muito cooperativos, podemos aceitar a posição dele e não questioná-lo. Como leitores um pouco mais exigentes, podemos esperar que os próximos parágrafos demonstrem por que essa política é populista e não trará desenvolvimento. Porém, nesse segundo caso, nossa expectativa é frustrada. Nos parágrafos seguintes, o texto apresenta novas informações, distanciadas do que vinha sendo mencionado.

No segundo parágrafo, é apresentada uma descrição do país em que vivemos, uma suposta democracia em que imperam a justiça, a liberdade e a igualdade. No terceiro e último parágrafos, novamente há uma quebra da continuidade do que vinha sendo afirmado. O autor esquece suas afirmações tanto do primeiro quanto do segundo parágrafo, para então abordar outros novos tópicos: o acirramento do preconceito racial e a necessidade de fortalecimento da educação pública.

O texto vai passando de um assunto para outro, sem estabelecer uma sequência clara entre eles. Na oralidade, especialmente em conversas informais, isso é bastante comum. Estamos falando, somos interrompidos, pensamos em outras coisas, esquecemos o que iríamos falar, mudamos de ideia, dizemos algo e logo depois desdizemos. Como temos um contexto em que nosso ouvinte está ao nosso lado, podemos fazer essas idas e vindas, pois as eventuais dúvidas sobre o que pensamos podem ser sanadas com novas perguntas e novas respostas. Imaginemos o seguinte diálogo:

— Sabia que agora vai ter vaga pra negro na universidade?
— Quer dizer que vamos poder estudar lá.
— Os deputados aprovaram.
— Vou fazer jornalismo.
— Esses caras são um bando de nó cego. Armam uma depois da outra.
— Eu só voto em branco.
— Mas não devia, o voto faz a diferença.
— Não tem nenhum negro deputado aqui no estado.
— Nem jornalista.
— Esses caras são um bando de sem noção.
— Não fala assim que nós também somos negros.
— Não falando da gente...

Na situação de escrita, na qual o leitor está distante e espera um posicionamento do autor sobre um tema proposto, o autor não tem a possibilidade de, como ocorreu no diálogo, explicar o que quis dizer com o que escreveu. É necessário que o texto seja organizado de forma que as informações oferecidas sejam entendidas, sem causar muitas confusões, sem muitas idas e vindas, fugas e retornos. Um texto escrito tem de começar tratando de um tema e continuar tratando dele até o fim. A isso a linguística textual chama de *progressão e continuidade textuais** (Costa Val, 1991).

A ausência de continuidade pode ser um problema para o texto escrito. Mas existe um outro problema mais grave no exemplo que estamos analisando. Observe que, no segundo parágrafo, havia sido afirmado que o Brasil é um país justo, livre e democrático. No terceiro, entretanto, isso é negado, pois se afirma agora que o "preconceito acirraria", que "uma boa escola pública resolveria o problema" e que "é necessário fortalecer a base". Há entre as afirmações de um parágrafo e outro uma contradição geradora de incoerência. Ora, pode pensar o leitor, como em um país tão maravilhoso como o descrito no texto pode haver problemas?

A contradição é entendida como a incompatibilidade de informações, não sendo possível, em um único texto, afirmar que "A é o contrário de A" (Costa Val, 1991, p. 25). Um dos maiores defeitos em um texto de opinião é, sem dúvida, a contradição, pois afirmar algo e depois afirmar o seu contrário gera descrédito do autor e pode se tornar uma posição inaceitável.

---

* A continuidade diz respeito à retomada de elementos no decorrer do discurso e está relacionada com sua unidade, "pois um dos fatores que fazem com que se perceba um texto como um todo único é a permanência, em seu desenvolvimento de elementos constantes" (Costal Val, 1991, p. 21). A progressão, ao contrário da continuidade, diz respeito à apresentação de novas informações que se sobrepõem e à não repetição de uma mesma informação já dada. A redundância e o tautologismo são exemplos típicos de não progressão.

Além dessa contradição existente no interior desse texto, há outra que diz respeito à veracidade da informação apresentada em relação ao mundo vivido. Não precisamos ser leitores muito exigentes para colocar em xeque a ideia de que o Brasil é um país democrático, justo e livre. Um breve olhar à nossa volta demonstra que isso não condiz com a realidade. Portanto, além de não poder apresentar contradição interna, para que seja coerente, é necessário que as informações do texto não sejam contraditórias com a realidade representada. No caso desse texto, o autor pode ser visto como alguém ingênuo, incapaz de enxergar criticamente o entorno social em que vive.

Em resumo, podemos dizer que uma das principais qualidades de um texto escrito é a capacidade de oferecer uma resposta a uma determinada questão de forma organizada, em que as partes se completem reciprocamente, construindo um todo significativo que possa ser respondido. Quando um texto atende a essa exigência, dizemos que este é coeso e coerente.

De acordo com esse modelo de análise textual que estamos apresentando, a ausência ou o comprometimento de um dos fatores de textualidade elencados pode prejudicar a plenitude da realização do texto como meio de interação verbal. Na análise de diferentes textos, ou melhor, de tudo o que seja definível como texto, podemos nos reportar sempre a esses conceitos. Entretanto, é interessante não esquecermos um princípio fundamental estabelecido por Costa Val (1991, p. 33) nas análises textuais que realiza. Citando Halliday e Hasan (1976, p. 25), ela afirma que "a natureza do texto é melhor compreendida se se abre mão do rigor e da exatidão tecnicista e se dá espaço para a intuição e o bom senso". Como falantes do português e usuários da escrita, portanto, devemos dar créditos às nossas intuições na avaliação que elaboramos dos textos que produzimos e lemos.

Diante disso, a mesma coisa que afirmamos no capítulo anterior acerca da ineficácia do domínio da nomenclatura gramatical para o desenvolvimento de habilidades de uso da linguagem pode ser afirmada acerca do domínio desses conceitos da linguística textual. Na verdade, eles podem apenas auxiliar o escritor na organização de seu texto. A construção do texto em si – o dizer algo que se deseja dizer a alguém por meio da escrita – é possível apenas na interação verbal efetiva, no diálogo que o escritor trava com outros textos e com seu possível leitor. Se queremos ser bem-sucedidos como escritores, temos, antes de mais nada, de nos envolver em processos interlocutivos concretos com o mundo das letras, lendo e escrevendo. Não há outro jeito. Escritores representativos de anos atrás, tenha certeza, sequer imaginavam que um dia iria existir uma ciência do texto. Eles liam e escreviam.

> **Para refletir IV**
>
> Escolha, entre os quatro textos sobre cotas raciais apresentados anteriormente, aquele que você considera melhor. Com base no conceito de texto e nos fatores de textualidade aqui apresentados, procure justificar sua escolha. Apresente sua resposta em forma de texto de opinião. Não se esqueça dos fatores de textualidade como critério para analisar seu próprio texto. Inicie da seguinte forma:
>
> *Entre os quatro textos analisados, o que certamente receberia uma nota mais elevada em um vestibular seria o texto quatro. Isso porque...*

Síntese

Neste capítulo, apresentamos algumas das características específicas da modalidade escrita da língua em oposição à modalidade oral. O objetivo foi demonstrar que a escrita possui algumas características que a aproximam da oralidade e outras que a particularizam, tornando-a uma modalidade de uso da língua que exige o domínio de alguns procedimentos próprios. Expomos os elementos envolvidos no processo de interação verbal, baseando-nos no modelo enunciativo proposto por Geraldi (1991). Em seguida, apresentamos os fatores responsáveis pela textualidade, conceitos instrumentais importantes para podermos avaliar a qualidade de um texto e, consequentemente, aperfeiçoar nossas habilidades como leitores e produtores de textos.

Atividades de autoavaliação

1. Sobre o processo de interação verbal, tanto escrito quanto oral, é correto afirmar:
a. Há, necessariamente, a presença de pelo menos dois interlocutores, o que produz e o que recebe o enunciado, sendo que o sentido se realiza apenas no encontro entre o primeiro e o segundo interlocutor.
b. Há a presença de um único interlocutor que diz, de seu lugar, o que deseja dizer, independentemente da presença de um ouvinte.
c. O ouvinte ocupa papel passivo na apreensão do enunciado.
d. O contexto de produção verbal determina completamente o sentido do enunciado.

2. Em todo processo de produção e compreensão, para percebermos os sentidos possíveis do enunciado, temos que considerar simultaneamente:
a. a intenção do autor.
b. as relações de coerência entre os enunciados.
c. a intenção do leitor.
d. a tríade autor-texto-leitor em processo histórico de constituição.

3. A realidade das escolas brasileiras evidencia as dificuldades das pessoas em ler e escrever textos simples. Sem domínio da escrita, é inviável qualquer progressão nos estudos, pois os conteúdos científicos e culturais necessários são registrados em textos escritos. Diante disso e de acordo com a concepção de linguagem que estamos apresentando, a escola deveria:

a. desenvolver estratégias didáticas capazes de desenvolver nos alunos habilidades de compreensão dos verdadeiros significados dos textos.
b. reprovar os alunos que não aprendem a ler como deveriam.
c. desenvolver estratégias pedagógicas que possibilitem aos alunos a vivência das relações significativas com a escrita.
d. inibir o uso de variantes linguísticas desprestigiadas em razão dos problemas cognitivos que podem gerar.

4. Sobre a coesão e a coerência, é correto afirmar:
a. São dois fatores de textualidade que dizem respeito apenas à organização interna do texto, não mantendo nenhuma relação com o contexto de produção.
b. São dois fatores de textualidade inerentes à capacidade de reflexão gramatical do autor, especialmente quanto ao domínio do uso de conectivos lógicos.
c. São dois fatores de textualidade interdependentes, relacionados aos demais fatores de textualidade.
d. São resultado da capacidade de raciocínio lógico.

5. Podemos considerar como elementos constitutivos dos sentidos textuais:
a. o contexto histórico, o contexto cultural, o contexto social mais amplo, o contexto imediato de interação, a atividade em que os interlocutores estão envolvidos, suas identidades sociais, as imagens que mutuamente constroem de si e do outro e o arranjo linguístico.
b. a intencionalidade e a aceitabilidade.
c. a coesão e a coerência.
d. a informatividade e a intertextualidade.

Atividades de aprendizagem

Questões para reflexão

1. Várias vezes, ao longo deste capítulo, nós nos referimos à oralidade e à escrita como sendo duas modalidades da língua verbal. Vamos aproveitar os apontamentos do autor do texto reproduzido na seção 2.1 (Para refletir I) para aprofundar um pouco nossos conhecimentos acerca desse tema. Inicialmente, trace uma linha vertical no meio de uma folha em branco, fazendo duas colunas. No topo de uma das colunas, você deve escrever *oralidade* e, no topo da outra, *escrita*. Na primeira coluna, anote todas as características da oralidade, relacionadas ao contexto, ao papel dos interlocutores e à forma de organização linguística dos enunciados. Na segunda, faça o mesmo em relação à escrita. Não se prenda apenas às informações oferecidas no texto lido; busque outras em livros ou em *sites* especializados. Prontas as duas colunas, monte um texto a partir da introdução proposta a seguir. Utilize um parágrafo para cada diferença entre oralidade e escrita, estabelecendo continuidade e progressão e procurando explicar e exemplificar as diferenças apresentadas.

Nós sabemos português

Ouvimos com frequência muitas pessoas dizendo que não sabem português. Trata-se de uma grande contradição, pois elas falam isso em bom português. Na verdade, o que ocorre é que elas não dominam algumas regras de escrita do português. E entre escrita e oralidade existem algumas diferenças consideráveis.

Em primeiro lugar...

2. Vamos observar o texto a seguir, parte de uma peça fictícia extraída de um processo judicial. Podemos encontrar várias dificuldades para compreendê-lo em razão de problemas de organização interna das frases, mais precisamente de uso de conectivos coesivos. Tente identificar esses problemas e reescrever o texto, eliminando-os.

A senhora Maria da Silva acima qualificada encontra-se em poder da Senhora Rose de Tal pois a mesma vivia com seu pai e sua madrasta, e a senhora Rose é filha da mulher com quem seu pai convivia a qual encontra-se em endereço a ser informado pela sua irmã e requerente, que só tem conhecimento de onde fica, mas que no entanto desconhece o nome da rua e demais dados do local, sabendo apenas que é na localidade de Fazenda Rio Grande, Paraná, bairro Gralha Azul.

Atividade aplicada: prática

1. Em um tribunal de júri, um advogado, tentando defender seu cliente, acusado de homicídio, saiu-se com a seguinte afirmação: "O responsável pela morte da vítima não foi meu cliente. Ele disparou a arma, é certo. Entretanto, o que provocou a morte foi a hemorragia causada pela perfuração do projétil". Os risos da plateia foram contidos pela sisudez do ambiente judicial, mas, posteriormente, o advogado virou motivo de chacota na cidade. O enunciado do advogado provoca o riso porque é incoerente, por não condizer com verdades do senso comum e muito menos com as jurídicas, beirando o absurdo. Rimos, em suma, de um doutor ousar dizer tal sandice. As formas de organizar os enunciados, subvertendo lógicas cristalizadas ou sugerindo interpretações inesperadas, são estratégias muito utilizadas na produção do humor.

Nesse sentido, recuperando a ideia de coesão como estratégia de articulação entre as partes do texto, vamos verificar no exemplo a seguir como essa articulação pode ser responsável pela produção de diferentes sentidos, incluindo o humor.

— Não deixe mais sua cadela entrar em minha casa. Ela está cheia de pulgas.
— Diana, não entre mais nessa casa. Ela está cheia de pulgas.

O que provoca humor nesse texto? Vejamos:

- Na primeira fala do diálogo, tanto a expressão *sua cadela* quanto a expressão *minha casa* podem ser retomadas pelo pronome *ela*. Dizendo de outra forma: o pronome *ela*, naquele contexto, pode substituir *sua cadela* ou *minha casa*, implicando a possibilidade dos seguintes sentidos: "minha casa está cheia de pulgas" ou "sua cadela está cheia de pulgas".
- O interlocutor aproveita essa duplicidade de sentidos permitida pela construção para produzir humor em sua resposta. Se a primeira fala fosse apenas "não entre em minha casa", o pronome *ela* se referiria apenas à expressão *minha casa*, não havendo duplicidade de sentido e inviabilizando a produção de humor: "Não entre em minha casa. Ela está cheia de pulgas".
- Da mesma forma, se a expressão *sua cadela* fosse repetida em vez de ser substituída pelo pronome *ela*, também seriam inviabilizadas a dupla interpretação e a possibilidade do riso: "Não deixe mais sua cadela entrar em minha casa. Sua cadela está cheia de pulgas".

Como atividade aplicada, procure em revistas e *sites* especializados pelo menos três piadas que trabalhem a linguagem de forma similar à usada nos exemplos que acabamos de verificar. Em seguida, escreva um texto explicando os mecanismos linguísticos utilizados responsáveis pela produção do humor em cada uma delas*. Procure, em seu texto, apresentar todas as informações necessárias para que o leitor compreenda sua análise.

---

* Caso seja de seu interesse aprofundar-se nesse assunto, há um livro especializado na análise linguística de piadas: *Os humores da língua* (Possenti, 1999).

um das variações à uniformidade
dois o texto escrito
três os gêneros textuais
quatro resumo e resenha
cinco relatório e artigo
seis reescrevendo o próprio texto

{

❶ NESTE CAPÍTULO, VAMOS prosseguir no estudo do texto e apresentar os gêneros textuais na perspectiva de como se definem e de como funcionam no interior das práticas sociais. A partir da análise de alguns gêneros textuais, vamos também propor atividades de leitura e produção textual. Com a apresentação dessa abordagem, o objetivo é que você possa ampliar seus conhecimentos sobre a natureza dos textos que circulam na sociedade e, ainda, refletir sobre a constituição das duas modalidades da língua, a oralidade e a escrita, possibilitando o amadurecimento de suas habilidades linguísticas.

trêspontoum
Gêneros textuais: o que são e como funcionam

Nos capítulos anteriores, propusemos algumas reflexões a respeito de questões que são centrais para qualquer pessoa que pretenda trabalhar com a leitura, com a compreensão e a produção textuais. As noções que comentamos e ilustramos relacionadas à diversidade linguística e ao modo como se constitui o texto escrito devem ter servido para ajudá-lo a assumir uma atitude linguística que lhe permita ver a si mesmo como sujeito que, na condição de leitor e produtor de textos, tem a língua como um bem que lhe pertence e o constitui como ser humano. Ter essa percepção pode lhe possibilitar fazer um uso muito mais consciente da língua, considerando-se que essa consciência é resultado do entendimento de como a língua funciona e se constitui.

Neste capítulo, vamos iniciar nossas reflexões propondo que você atente para as diferenças que caracterizam as três situações descritas a seguir.

   a. Um assassinato é cometido dentro de uma residência particular. Tanto as pessoas que moram naquele local quanto os vizinhos mais próximos são convocados a depor na Delegacia de Homicídios da cidade. Os moradores daquela casa, os parentes mais próximos da vítima, são chamados a depor ainda outras vezes enquanto a investigação policial prossegue.
   b. A caminho do trabalho, você sintoniza o rádio do seu carro em uma estação que, diariamente e naquele mesmo horário,

apresenta um noticiário. Você ouve notícias sobre os fatos mais importantes acontecidos nos grandes centros nacionais e internacionais. São enfocadas questões de economia, política e cultura.

c. Um pai compra um MP3 para seu filho de dez anos. Embora esse seja um aparelho muito usado hoje, o comprador em questão nunca antes havia manipulado e programado as funções de tal objeto. Assim, ele precisa ler o manual com as instruções de uso enquanto as testa no aparelho que tem em mãos. Depois, repassa a seu filho essas informações a seu modo, de forma que este possa fazer uso ao menos das principais funções do MP3 que ganhou.

Nesses contextos bastante diferentes, existe um elemento que perpassa pelas três situações, embora de modos diversos: o texto. Refletindo com cuidado sobre cada situação descrita, podemos notar que em todas está presente a linguagem, ou melhor, todas as atividades envolvidas em cada caso são atividades de linguagem. Com isso queremos dizer que qualquer forma de interação verbal só pode ser concretizada em textos orais ou escritos. Da situação mais prosaica à mais formal e elaborada, em todas as relações sociais que aí se estabelecem estão presentes os textos.

Porém, como vimos, os textos produzidos em cada uma das três situações apresentadas se constituem de modos diversos. Assim, quando dizemos que estamos imersos em textos, não estamos querendo sugerir que se trata sempre de um mesmo tipo de objeto linguístico. Para termos maior clareza sobre que textos de fato circulam em nossa sociedade, devemos entender que diferentes situações de interação verbal dão origem a textos diferentemente constituídos, que possuem formas e características particulares e que os individualizam. Podemos afirmar, então, que os textos de que se utilizam os usuários de nossa língua nos mais diversos contextos sociais assumem contornos diferentes. Esses diferentes tipos de texto com os quais entramos em contato ou que produzimos são gêneros textuais, definidos por Marcuschi (2006, p. 43) como "formas textuais estabilizadas, histórica e socialmente situadas. Sua definição não é linguística, mas de natureza sociocomunicativa, com parâmetros essencialmente pragmáticos e discursivos".

Podemos agora ampliar nossa compreensão acerca das três situações que descrevemos. Todas elas podem ser definidas como práticas sociais e comunicativas, em que estão implicados interlocutores em situação de interação verbal. Trata-se, desse modo, de eventos de linguagem, isto é, eventos que integram na sua constituição e em seu funcionamento exemplares de textos orais e escritos, ou em que estão envolvidas a leitura e a escrita de gêneros textuais. Estes não podem, portanto, ser entendidos fora dessa dimensão maior em que estão inseridos, sob pena de perderem seu real significado e sua verdadeira funcionalidade.

Vamos agora analisar brevemente que gêneros estão envolvidos nos três eventos mencionados e que práticas de linguagem podem ser aí identificadas.

Na primeira situação, podemos destacar inicialmente a produção de um gênero textual que chamamos de *depoimento*. É isso o que produzem na delegacia os parentes mais próximos da vítima e os vizinhos da residência na qual aconteceu o referido crime. Esse gênero, que é produzido oralmente, está inserido em um evento de linguagem que ultrapassa os limites do depoimento oral. Enquanto depõem os parentes e os vizinhos, existe um escrivão que transcreve as declarações feitas por essas pessoas, as quais, por sua vez, devem ler o depoimento transcrito e assiná-lo, transformando essas peças escritas em documentos. Além disso, enquanto depõe um declarante, o delegado se baseia nos depoimentos transcritos das demais pessoas chamadas a depor, em anotações que ele mesmo fez sobre detalhes referentes ao episódio com base em tudo o que já viu e ouviu relacionado ao caso. Deve ter em mãos também, à medida que o processo investigativo avança, laudos técnicos da perícia, com conclusões sobre objetos que eventualmente tenham sido recolhidos pela polícia e que supostamente podem indicar pistas para que o culpado do crime seja identificado. Deve estar de posse, ainda, do laudo técnico que aponta a causa da morte da vítima e que talvez possa indicar outras evidências a respeito de como o crime foi cometido.

A segunda situação nos coloca diante de um evento de letramento que envolve várias práticas de texto. Temos basicamente a produção de gêneros que se realizam oralmente, mas que têm como base, certamente, textos escritos. Assim, não ouvimos pelo rádio, durante o seu noticiário, apenas as notícias propriamente ditas. Estas estão intercaladas com orientações dirigidas à população em geral a respeito de medidas preventivas para o combate a alguma doença que ameaça se transformar em epidemia; com propagandas dos mais variados matizes: institucionais (sobre a própria emissora de rádio), governamentais, político-partidárias e comerciais; com comentários mais ou menos informais sobre as notícias dadas; com resenhas sobre jogos e campeonatos de futebol.

Em alguns desses casos, os jornalistas e os comentaristas produzem gêneros orais, mas também precisaram, em momento anterior à transmissão ao vivo do noticiário, recorrer à escrita para comporem alguns dos textos que levariam ao ar. Dizemos que estes últimos são gêneros produzidos na interface entre a oralidade e a escrita.

Na terceira situação, encontramos também um evento no qual estão envolvidas a oralidade e a escrita. O pai precisa ler um texto – o manual de instruções do usuário – para saber o que deve fazer para colocar em funcionamento o MP3. Isso feito, ele deve explicar oralmente para o seu filho o que leu de mais relevante, sendo capaz de fazer o outro entender como se usa o aparelho. Trata-se de uma conversa informal, mas que é mediada por um texto escrito.

A fim de podermos avaliar com clareza as três situações comentadas, buscando estabelecer algumas correlações e diferenças entre elas, é importante considerarmos o seguinte:

- Em todos os casos, temos representadas práticas sociais intermediadas pela linguagem. Embora as esferas sejam bastante diversas, todas as situações reproduzem eventos de linguagem autênticos, que se constituem na concretude da língua em funcionamento em nossa sociedade.
- Nas três situações, identificamos atividades mediadas por textos orais e escritos, o que significa dizer que se trata de atividades sociais que só podem ser realizadas com e pelos gêneros textuais que nelas reconhecemos. É por isso que podemos afirmar que língua é atividade, que pelo uso dos gêneros agimos e obtemos do "outro" respostas às nossas ações.

* Nos três casos, pela análise dos gêneros, podemos perceber que oralidade e escrita estão intimamente relacionadas, não se constituindo, pois, em modalidades linguísticas situadas em lados opostos. Antes, são duas práticas sociais envolvidas com frequência no mesmo evento de linguagem, como nas situações que tomamos como exemplos.

Considerando então esses aspectos que acabamos de comentar, podemos partir agora para um exame mais acurado da realização das práticas de linguagem orais e escritas, conhecimento que lhe permitirá fazer um uso mais consciente da língua em diferentes situações.

Gêneros orais e escritos

Você deve ter percebido, pelo que vimos até aqui, que não existe uma fronteira bem definida que separa a fala da escrita. Esse entendimento, porém, parece não corresponder às ideias que o senso comum faz das diferenças entre esses dois objetos. Certamente, você já deve ter ouvido professores ou colegas dizerem que tal palavra ou tal modo de se expressar não são usos "permitidos" na escrita. A fala seria, de acordo com essa perspectiva, informal e coloquial, em oposição à escrita, em que só seria possível o emprego de uma linguagem mais formal e culta, sem "erros" e "desvios".

Na verdade, se olharmos para a oralidade e a escrita sob a perspectiva dos usos da língua, examinando os gêneros pelos quais as práticas de linguagem se realizam, compreenderemos por que essa separação dicotômica entre fala e escrita não se sustenta. Nas várias práticas sociais de linguagem em que nos vemos inseridos, nós nos encontramos como interlocutores – produtores e receptores – de textos dos mais variados gêneros, em que a fala e a escrita se encontram como modalidades imbricadas. Assumimos aqui, assim, a proposta de Marcuschi (2006, p. 44) sobre a classificação dos gêneros no tocante à relação oralidade-escrita. Existem, na realidade, três conjuntos de gêneros textuais: a) os tipicamente orais; b) os tipicamente escritos; c) os produzidos na interface entre oralidade e escrita.

Assumido esse pressuposto, podemos identificar, por exemplo, na situação de inquérito policial, anteriormente exemplificada, o depoimento como um gênero tipicamente oral. Os laudos técnicos aos quais o delegado tem acesso, ao contrário, seriam gêneros tipicamente escritos.

No caso do noticiário do rádio, certamente encontramos exemplares desses dois conjuntos de gêneros – orais e escritos. Os comentários feitos espontaneamente, sem apoio em textos previamente preparados, podem ser citados como pertencentes ao grupo *a*, enquanto as notícias simplesmente lidas ou as reportagens gravadas anteriormente ao momento em que são colocadas no ar podem ser incluídas no grupo *b*. Ocorre, desse modo, que o evento de linguagem a que chamamos de *noticiário de rádio* se caracteriza como um evento produzido na interface entre fala e escrita, constituindo-se em um evento que pode ser entendido como um evento de oralidade e como um evento de letramento.

Na situação de leitura de um manual de instruções, temos um gênero tipicamente escrito. Quando analisamos, no entanto, a conversa que o pai tem com o filho, entendemos que se trata de um gênero que pertence ao conjunto *a*. Porém, sabemos intuitivamente que não se trata de uma conversa que se iguala a uma conversa que pai e filho teriam, por exemplo, na saída da escola, a caminho de casa, quando o filho conta para o pai as atividades que fez naquele dia no ambiente escolar. Na conversa sobre as instruções para uso do aparelho de MP3 existe a mediação do texto escrito, o que gera algum distanciamento do que ocorre em uma conversa espontânea.

Essa forma de entendimento das relações entre oralidade e escrita pode ser representada pelo gráfico a seguir.

Gráfico 1 – Fala e escrita no contínuo dos gêneros textuais

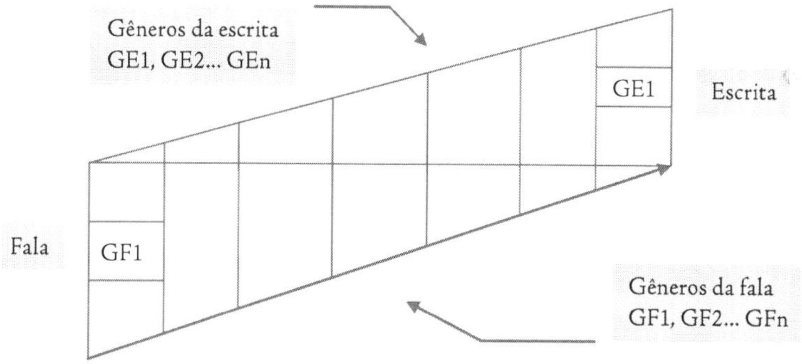

[Gráfico: trapézio mostrando o contínuo entre Fala (GF1) e Escrita (GE1), com Gêneros da escrita GE1, GE2... GEn e Gêneros da fala GF1, GF2... GFn]

FONTE: Marcuschi, 2006, p. 38.

Pelo que podemos ver, os gêneros orais e escritos estão dispostos em um *continuum*, e não em polos opostos. O que temos, assim, são gêneros orais que se aproximam mais da fala, como uma conversa telefônica, por exemplo, e outros que estão mais próximos da escrita, como uma conferência em um congresso. O mesmo se aplica aos escritos. Um bilhete, nesse *continuum*, encontra-se mais próximo dos gêneros orais, enquanto um texto de lei, por exemplo, pode ser inserido entre os que se constituem em protótipos de gêneros escritos.

As reflexões que estamos propondo aqui a partir do conceito e do funcionamento dos gêneros textuais apontam para uma conclusão extremamente importante para quem busca aperfeiçoar suas habilidades na produção de texto: não existem modelos de escrita, ou modelos de textos que devam ser seguidos e ensinados. É provável que você tenha aprendido na escola "receitas" de como escrever uma descrição, uma narração e uma dissertação. Alguns manuais e professores de Língua Portuguesa chegavam (ou chegam ainda) a indicar o número de frases de cada parágrafo ou o número de parágrafos que o aluno deveria compor para estruturar um texto.

No entanto, conforme comentado nos capítulos anteriores, com os estudos resultantes de áreas como a linguística (em alguns de seus ramos), a educação e a psicologia, e com a mudança que se operou no que se refere às concepções de linguagem, texto e aprendizagem, o foco do ensino de leitura, compreensão e produção textual passou a assentar sobre objetos verdadeiramente produzidos nas práticas sociais, na interação entre sujeitos, situados no tempo e no espaço e com objetivos determinados. Esses objetos são os gêneros textuais, que são muitos e variados. Dominá-los é o que precisamos, de acordo com nossas necessidades. Para isso, é preciso, de um lado, analisar como se constituem, e isso deve ser feito considerando-se o fato de que, a cada nova situação de interação verbal, mudam os interlocutores, o momento histórico em que vivem, o conteúdo a dizer e as razões para dizer. O modo de dizer depende diretamente desses fatores; logo, não se pode eleger uma forma padrão para um gênero, desvinculada da noção de que os textos são elementos integrantes de práticas comunicativas. É necessário ressaltar, assim, que essa análise faz parte do processo mais amplo de inserção nas práticas letradas, nas quais aprendemos efetivamente a produzir os gêneros textuais.

Não deixamos de considerar também o fato de que os gêneros não são dotados somente de flexibilidade. Eles se constituem em formas textuais estabilizadas, produzidas histórica e coletivamente. Isso, entretanto, não pode nos levar a concluir que, para saber produzir um gênero, basta dominar um modelo de texto. Essa conclusão significaria negar a própria constituição do gênero. Como afirma Marcuschi (2005, p. 29), "quando dominamos um gênero textual, não dominamos uma forma linguística e sim uma forma de realizar linguisticamente objetivos específicos em situações sociais particulares".

Assim, para produzir um texto de determinado gênero, você deve avaliar todos os fatores implicados na situação de interação verbal e, claro, trazer para o momento de produção todo o conhecimento (adquirido em suas experiências como leitor e produtor de textos) que você tenha acerca daquele gênero. Você deve considerar, ainda, como vimos no segundo capítulo deste livro, os fatores de textualidade, que nos possibilitam avaliar a qualidade de um texto.

Para contribuir na sua tarefa de produzir textos nos mais variados contextos sociais e, especialmente, no ambiente acadêmico, neste e nos próximos capítulos, vamos nos dedicar a analisar como se constituem e como se produzem vários gêneros textuais, sem ignorar o fato de que "cada gênero está vinculado a uma situação social de interação, dentro de uma esfera social; tem sua finalidade discursiva, sua própria concepção de autor e destinatário" (Rodrigues, 2005, p. 165).

Considerando ainda tudo o que comentamos até aqui, é importante frisar que é a percepção da existência e do funcionamento dos gêneros textuais que nos permite ter uma compreensão mais clara das relações entre oralidade e escrita. Chegamos, desse modo, a mais uma conclusão: não existe um modelo de fala e um modelo de escrita. Como fala e escrita integram um *continuum*, e não lados opostos, não podemos nos prender a mitos como "a escrita é mais coerente e organizada que a fala" ou "a fala varia e a escrita não". Temos de ter clara a noção de que, de um lado a outro desse *continuum*, encontramos gêneros orais e escritos mais e menos formais, mais próximos da oralidade ou mais próximos da escrita.

Na próxima seção, vamos destacar alguns gêneros situados ao longo desse *continuum* e apresentar alguns elementos que lhe possibilitem não apenas examinar, mas também produzir gêneros variados.

Para refletir I

Produza um breve relato sobre sua vida escolar em duas versões, cada uma com um parágrafo aproximadamente. Nos dois casos, você irá comentar em que colégio(s) cursou o ensino fundamental e o ensino médio e como foi seu desempenho geral. Irá mencionar também, em linhas gerais, o que mais o atraía na escola e o que menos o agradava. Você produzirá a primeira versão do texto para mostrá-la a alguém muito próximo, como um amigo ou mesmo um membro de sua família. A segunda versão será feita para ser lida por seu professor.

Observe que, apesar de você trazer as mesmas informações nas duas versões e de seu objeto ser também o mesmo, não se trata de um mesmo e único texto, porque a situação de interlocução que caracteriza um caso é diferente da que está presente no outro.

trêspontodois
Produzindo gêneros textuais

Com base em tudo o que comentamos até aqui a respeito dos gêneros textuais, podemos afirmar que eles se definem fundamentalmente com base em critérios sociocomunicativos e funcionais. Isso significa que não são os aspectos formais (estruturais ou linguísticos) elementos suficientes para caracterizar um gênero, embora não possamos desprezar a forma, como veremos nas análises que iremos propor ao longo desta seção.

Desse modo, não seria coerente com a perspectiva que optamos por seguir neste livro apresentar modelos de gêneros, à semelhança do que acontecia no ensino em que os textos trabalhados eram a descrição, a narração e a dissertação. Proceder assim significaria ignorar a flexibilidade e a dinamicidade que caracterizam a língua e, por consequência, o funcionamento dos gêneros textuais.

Antes, nosso objetivo aqui é propor alguns parâmetros com base nos quais possamos não só submeter alguns gêneros ao exame acurado de sua constituição e de seu modo de funcionamento nas práticas sociais, como também produzir exemplares desses e de outros gêneros assemelhados. A ideia é que você possa guiar-se a partir de questões fundamentais para poder produzir textos nos mais variados eventos de linguagem de que participa ou venha a participar. Ao lado de tais parâmetros, não deixaremos de considerar os fatores de textualidade de que tratamos no segundo capítulo, uma vez que, como vimos, eles se constituem em aspectos essenciais na busca pela garantia da qualidade textual.

Cabe observar, ainda, que os gêneros que selecionamos para examinar se situam em pontos diferentes do *continuum* oralidade-escrita, a fim de que você possa refletir sobre gêneros diversos, dos mais informais aos mais formais. Embora o nosso foco aqui seja a escrita, eventualmente iremos propor algumas reflexões também acerca de usos da oralidade, com o intuito de manter sempre presente a reflexão em torno das duas modalidades.

Percorrendo o *continuum*: o *e-mail* pessoal

O primeiro gênero que vamos examinar é o *e-mail* pessoal, que se situa entre os gêneros escritos mais próximos da oralidade. Você provavelmente se utiliza desse gênero textual, tendo em vista a amplitude e a funcionalidade que ele adquiriu nas duas últimas décadas. Trata-se de um dos gêneros que chamamos de *digitais*, isto é, gêneros que surgiram em decorrência do desenvolvimento da tecnologia digital, que possibilitou a criação da internet. Por terem ampla circulação em diferentes esferas das atividades sociais, podemos afirmar que sob a denominação de *e-mail* existem, na verdade, vários textos com funções e configurações variadas. Em comum possuem a propriedade de terem como suporte a internet[*] e de serem correspondências encaminhadas para um endereço eletrônico, virtual portanto, e não físico. A uma caixa de entrada de uma

---

[*] Optamos por tratar a internet, neste livro, como suporte, conforme a define Marcuschi (2003), considerando-a como o *locus* em que vários gêneros digitais se encontram fixados. Reconhecemos, no entanto, que essa questão não é consensual, podendo-se também entender como suporte, no caso do *e-mail*, a tela do computador ou, conforme a análise de Travaglia (2007), o *software*.

conta de *e-mail* podem chegar, assim, *e-mails** de caráter pessoal, institucional, comercial e acadêmico. Podemos afirmar então que alguns desses textos são chamados de *e-mail* em razão do meio em que se encontram registrados, embora, de fato, possam receber diferentes denominações, como *bilhete, memorando, ofício, carta comercial, propaganda, comunicado,* entre outras. Veja, a seguir, um exemplo do que chamamos de *e-mail* pessoal.

Fulana,
Estou dando aula em um colégio público. Eu não acreditava que aquilo era um inferno como diziam. Puxa vida, a única coisa que aquilo não parece é com escola. Um monte de aluno em sala de aula, um mais perdido do que o outro. A professorada, então, abaixa a cabeça e fala "sim, senhor" para os desmandos dos alunos de puro medo. Na semana passada furaram os quatro pneus do carro do diretor e um professor foi assaltado e espancado em frente à escola. Ontem um aluno deu uma cadeirada na cabeça do outro em plena aula. Foi uma sessão de socos regada a muito sangue. A gente vai falar com os professores que a coisa deveria ser diferente, eles dizem que o jeito é ir abaixando a cabeça e ir levando, que se arriscar ninguém pode. Essa escola é a representação fiel daquele filme "Escritores da liberdade". Já assistiu? Um barato... Deixa as tristezas de lado e me diga o que você anda fazendo, menina.

Abraços.
Beltrano

---

* Concordamos com Marcuschi (2003) que o termo *e-mail* encerra uma homonímia: por *e-mail* podemos nos referir ao serviço de correio eletrônico, com a função de veicular diferentes gêneros textuais, ou ao gênero propriamente dito, afiliado ao conjunto dos gêneros epistolares.

De acordo com a perspectiva que adotamos aqui no que se refere aos gêneros textuais, devemos considerar os seguintes aspectos relacionados à leitura e à produção desse gênero:

a. O *e-mail* pessoal, como gênero que se afilia ao gênero *carta pessoal*, mantém a característica deste último de aceitar uma grande variedade temática. O exemplo que apresentamos mostra o relato de um professor a respeito de sua experiência como novo docente de uma escola pública, com destaque para a violência como uma das problemáticas centrais do ambiente escolar. É importante observar que o emissor do *e-mail* não se preocupou em ser exato nos seus comentários sobre o tema, apenas pretendeu passar suas impressões pessoais sobre ele, seu incômodo diante da situação, em que aparecem os desmandos, o medo, a conformidade.

b. Quanto ao contexto de produção, devemos atentar para os seguintes elementos:

- Os interlocutores são dois amigos, que mantêm entre si uma relação de pouca formalidade. Como acontece em geral com *e-mails* dessa natureza, a imagem que o emissor tem de seu destinatário nesse caso é o de alguém que tem condições de entender a situação que está sendo descrita no texto, o que faz com que ele possa contá-la sem se preocupar muito com possíveis opiniões que adviriam de outros grupos de pessoas sobre o que e como disse o que disse.

- Como o *e-mail* pessoal se inscreve entre os gêneros que pertencem à esfera privada, é muito provável que seja produzido preferencialmente em ambiente doméstico. Porém, como muitas pessoas podem comprovar por sua própria experiência, é comum que em uma mesma caixa de entrada sejam baixados *e-mails* variados, pessoais, de trabalho e institucionais, o que confere ao *e-mail*, inclusive o pessoal, uma grande maleabilidade no que diz respeito ao local e ao momento de produção. Podemos afirmar, ainda, que a internet (o suporte do texto, isto é, onde ele se encontra publicado) tornou possível a desvinculação de certas práticas sociais e de linguagem a lugares e momentos definidos, em decorrência da crescente facilidade de acesso a computadores em casa, no trabalho, em bibliotecas, em escolas e universidades, em *lan houses*, entre outros locais. Em comparação com a carta pessoal, pode existir aí, portanto, uma grande diferença, já que a elaboração de um texto como esse exigia tempo e lugar adequados, que permitissem reflexão, envolvimento e esforço maiores.

c. O *e-mail* pessoal pode ter como objetivos estabelecer ou manter contato com o interlocutor, relatar um episódio, dar um aviso, entre outros. Assim como a temática, os propósitos com que um *e-mail* é enviado podem ser muitos. No caso do exemplo que apresentamos, a intenção parece ser a de contar um fato, informar sobre uma situação vivida e, ao mesmo tempo, fazer um desabafo como quem diz "olha pelo que eu estou tendo que passar". Nesse sentido, é possível ver claramente no *e-mail* um substituto do telefonema ou de uma conversa. Daí sua proximidade com a língua oral, situando-se, entre os gêneros escritos, no extremo mais próximo da fala. Podemos lembrar da criação de outros gêneros com a função específica de exercer essa função de ser uma alternativa à conversação face a face, como as mensagens instantâneas, os *chats*, os comentários deixados em *blogs*, entre outros.

d. O nível de linguagem empregado no *e-mail* que lemos anteriormente é o informal/coloquial, o que se mostra adequado aos objetivos do locutor e à natureza da relação entre ele e seu interlocutor. São empregados termos e expressões como "puxa vida", "cadeirada", "a gente", "um barato", além das formas de tratamento entre os interlocutores e da inobservância de algumas regras da gramática normativa.

e. O *e-mail* em geral se estrutura do modo como vemos no exemplo: a saudação do locutor no início, a despedida no final (apesar de não se tratar de elementos obrigatórios) e o encadeamento das frases em um único parágrafo, embora também possam ser construídos mais parágrafos, conforme fluem os pensamentos do emissor do *e-mail*. A coesão e a coerência do texto se fazem sobretudo pela progressão temática e não pelo uso de conectivos, como *portanto, assim, então*. Não há necessidade de o autor do texto identificar a data e o local, como nas cartas, pois o próprio meio digital já fornece essas informações.

O que comentamos evidentemente não se aplica à produção de outros tipos de *e-mail*, como os de trabalho. Com frequência, os usuários desse gênero experimentam certa dificuldade em produzi-lo, à semelhança do que sentiriam ao terem de produzir um memorando, um ofício ou uma carta comercial, que poderiam ser considerados como os gêneros de origem de certos *e-mails* relacionados às atividades de trabalho. A temática, nesse caso, até poderia ser a mesma. O que mudaria e faria toda a diferença na produção de um *e-mail* de caráter profissional seria o contexto de produção: os interlocutores (o chefe, um colega de trabalho, o representante de outra empresa etc.), a esfera de produção e circulação (pública ou privada), o local e o momento de produção (o ambiente de trabalho e quando a necessidade obrigar, ainda que o locutor possa estar fisicamente fora da empresa ou do escritório). Mudariam também os propósitos do emissor – informar, solicitar, questionar, entre outros – e o nível de linguagem empregado (em geral, formal/culto).

Para refletir II

Assuma a posição do professor que enviou aquele *e-mail*. Elabore então um outro *e-mail* comunicando os mesmos fatos. Agora, entretanto, o *e-mail* deve ser enviado a um funcionário do Núcleo Regional de Educação da localidade em que você reside. Você deve deixar clara a sua intenção de denunciar a violência presente na escola, tanto entre alunos quanto contra os professores, e solicitar a esse órgão que empreenda alguma ação com a finalidade de controlar ou coibir esse tipo de ocorrência.

Ao produzir o seu texto, atente para os seguintes aspectos:
- você e seu interlocutor não se conhecem, o que se reflete no nível de linguagem a ser empregado (mais formal do que o empregado em um *e-mail* pessoal);
- a interlocução que vai ser estabelecida se assemelha ao de uma carta, cuja estrutura deve ser observada, apresentando saudação, despedida, informações sobre sua localização e dados que o identifiquem (sua atividade e/ou profissão);
- não se esqueça do objetivo que o está levando a produzir o texto, procurando adequar sua linguagem a esse propósito.

Percorrendo o *continuum*: a carta do leitor

O segundo gênero que vamos analisar é a carta do leitor, que costuma figurar em jornais e revistas em seções específicas, chamadas, muitas vezes, de *Coluna do leitor* ou *Painel do leitor*, entre outras denominações. Temos, assim, que a localização desse gênero em uma seção que lhe é propriamente dedicada facilita sua identificação como um gênero em particular, o que, como vimos no caso do *e-mail* e como veremos com alguns dos demais gêneros que vamos examinar neste livro, não é sempre tarefa simples. A propósito, cabe observar que o gênero *carta do leitor* poderia ser considerado como um subgênero do gênero maior carta, com o qual possui em comum a estrutura e do qual se distingue em suas intenções (Silva*, citado por Bezerra, 2005, p. 210).

Na sequência, reproduzimos uma notícia, que também trata da violência na escola, e uma carta do leitor produzida com base no fato noticiado.

> **Professores, pedagogos e diretores se reúnem para discutir violência nas escolas**
>
> Assustados com os recentes casos de violência nas escolas estaduais de Londrina, no Norte do Paraná, professores, pedagogos e diretores dos colégios se reuniram na tarde desta terça-feira para tentar dar um basta no problema. Eles pedem mais segurança para evitar novos casos.

---

* SILVA, V. P. Variações tipológicas no gênero textual carta. In: KOCH, I.; BARROS, K. S. M. (Org.). Tópicos em linguística de texto e análise da conversação. Natal: EDUFRN, 1997. p. 118-124.

O caso mais grave ocorreu na semana passada, quando um aluno de 18 anos quebrou o braço da professora com uma barra de ferro dentro da escola. Ela, que prefere não se identificar, está de licença se recuperando da agressão e mesmo com 28 anos no magistério a professora não sabe se volta para a sala de aula.

A professora registrou queixa na delegacia e abriu um processo contra o aluno. "Estamos acostumadas a lidar com alunos e não com marginais", disse em entrevista ao Paraná TV. A iniciativa dela motivou outros professores a denunciar casos de violência ao Sindicato dos Trabalhadores da Educação do Paraná (APP-Sindicato).

Nelson Antônio da Silva, presidente do sindicato, conta que uma professora não escreve mais no quadro para não ficar de costas para os alunos – com medo de ser agredida. "Ela prepara o material de aula em casa para ficar sempre de frente para os alunos", comenta.

Uma outra professora, que também registrou queixa na delegacia, disse que teve o carro todo riscado depois de um desentendimento com um estudante. A diretora Lucia Cortez Martins contou que um aluno jogou ela [sic] no chão. "Ele me jogou e eu cheguei a bater com a cabeça no chão", relata.

FONTE: Professores..., 2007.
(Material cedido pela Editora Gazeta do Povo S.A.)

Por gentileza, sou professor e gostaria que o texto abaixo fosse publicado na seção Coluna do Leitor deste jornal. Obrigado.

Escola e violência

Dizer que valorizar e investir na educação é o melhor caminho para a humanização e o consequente desenvolvimento social todos os políticos aprenderam muito bem. Basta, entretanto, entrarmos em uma escola pública da periferia de grandes cidades para nos depararmos com um quadro alarmante, em que imperam o medo e a violência. Professores e alunos nada ensinam e nada aprendem. Cada dia mais assustados, adotam estratégias de conformismo e de silenciamento para continuarem vivos. A escola pública virou depósito de alunos descartados de outras esferas sociais. Urge que nosso poder público (integrantes do primeiro escalão do Executivo, do Judiciário, do Legislativo e do Ministério Público), em suas diferentes esferas, deixe de lado a retórica fácil e assuma suas responsabilidades frente a esse quadro desumanizador. Seria interessante nossas autoridades passarem algumas noites em uma dessas escolas ou, como alternativa, serem obrigados a matricularem nelas seus filhos.

Nome: xxxxxxx
Endereço: xxxxxx

A fim de analisarmos detalhadamente como se configura o gênero *carta do leitor*, e considerando o exemplar desse gênero que você acabou de ler, atente para os seguintes aspectos:

a. O tema de uma carta do leitor está sempre relacionado ao tema de uma notícia publicada pelo veículo ao qual ela foi encaminhada, ou ao posicionamento desse veículo em relação a algum fato social, político ou econômico que tenha ganho repercussão entre os meios de comunicação, ou ainda a algum tema que o leitor deseja ver explorado em notícias e reportagens do veículo. Os temas das cartas do leitor variam, portanto, conforme variam as linhas editoriais de jornais e revistas. Podemos afirmar que, em geral, as cartas do leitor que podemos encontrar em jornais e revistas partem de uma iniciativa do leitor em ressaltar a importância de um determinado tema no que se refere à cidadania, à justiça social, à cultura ou a comportamento. Revistas voltadas para o público adolescente, por exemplo, trazem comumente cartas em que os leitores solicitam conselhos e informações. Já jornais esportivos trazem opiniões sobre jogos, clubes e política futebolística. O exemplo que trouxemos trata do mesmo tema enfocado no *e-mail* que vimos anteriormente, porém examinado com um pouco mais de distanciamento, uma vez que o problema da violência nas escolas é abordado não apenas sob uma perspectiva pessoal, mas sim como uma questão social e política, que exige a atenção da sociedade e da classe governante.

b. Quanto ao contexto de produção, devemos observar os elementos destacados a seguir:

- O interlocutor imediato é a equipe de redação do jornal ou da revista, quando a notícia ou a reportagem não é assinada por um jornalista específico, ou é um articulista ou responsável por uma determinada seção do jornal ou da revista. Quando publicada, porém, a carta é levada ao conhecimento dos leitores do jornal, que, assim, acabam sendo interlocutores também. No caso do nosso exemplo, uma vez que o teor da carta é de denúncia, podemos afirmar que busca atingir o público que costuma comprar esse jornal e que detém um certo nível de letramento. O jornal em questão é a *Gazeta do Povo*, o jornal de maior circulação no Estado do Paraná, lido, em geral, pelas classes A, B e, em menor grau, C. As cartas podem ter seu conteúdo parafraseado ou reduzido e podem ser ou não selecionadas para serem publicadas em razão da disponibilidade de espaço físico e da linha argumentativa do veículo.

- A carta do leitor se situa entre os gêneros que pertencem à esfera pública e que podem ter grande circulação, em ambientes variados, embora o autor seja, em geral, anônimo. Por se enquadrar no meio jornalístico e estar associada a uma notícia ou a um fato divulgado na imprensa, a carta do leitor tem sua atualidade condicionada à atualidade da notícia ou do fato a que se refere, sendo produzida, portanto, imediatamente após a abordagem do tema em questão pela mídia impressa. Podemos afirmar que a produção é esporádica, salvo exceções, e as cartas podem ser enviadas pelo correio ou por meio eletrônico (internet).

c. Os propósitos de uma carta do leitor podem ser variados: denunciar, criticar, elogiar, opinar, agradecer, reclamar, solicitar, entre outros. A denúncia e a crítica dão o tom da carta que tomamos como exemplo, a qual se configura como uma resposta ao fato noticiado, estando em relação dialógica com a notícia que lemos. É em razão dessa intencionalidade que o autor menciona a falta de ação do poder público e a ineficácia da escola. A carta do leitor se apresenta, desse modo, como um instrumento social que viabiliza ao cidadão externar sua opinião e divulgá-la publicamente.

d. Quanto ao nível de linguagem empregado na carta que lemos, podemos perceber que está vinculado ao estilo do jornal ao qual foi enviada, em que existe a preocupação em manter o registro formal (ou semiformal) e o atendimento à norma culta da língua, como ocorre com os demais textos presentes nesse veículo. Dessa forma, não são usadas gírias e existe um cuidado especial com o vocabulário empregado e com a estrutura das frases. Caso se tratasse de uma carta publicada em uma revista voltada ao público jovem, por exemplo, o esperado seria o emprego de uma linguagem menos formal e mais próxima do nível coloquial.

e. No que se refere à estrutura do gênero, cabe observar que na seção em que é publicada não existem a saudação e a despedida, que são identificadas em outros tipos de carta; é exigida normalmente a identificação do nome, do endereço e, em alguns casos, de um documento do remetente. O texto, em geral, é curto e objetivo; o editor pode até mesmo encarregar-se de reduzir o texto original para publicá-lo, se for o caso, dado que a seção reservada para as cartas normalmente não é muito extensa.

> ## Para refletir III
>
> Selecione, em uma revista de sua preferência, uma notícia ou reportagem que lhe pareça interessante. Após fazer uma leitura atenta do texto escolhido, produza uma carta do leitor com base no que você leu.
>
> Para tanto, observe as seguintes orientações:
> - estabeleça um objetivo claro para a sua carta: elogiar, criticar, comentar, sugerir, solicitar etc.;
> - para isso, tenha bastante certeza quanto ao conteúdo que você quer comunicar e à importância de expressar seu ponto de vista;
> - atente para a autoria do texto sobre o qual você vai comentar (pode ser de um colunista ou um jornalista específico ou da redação da revista);
> - considere o nível de linguagem empregado nos textos da revista selecionada e procure tomá-lo como parâmetro para o nível de linguagem que você irá usar, pois seu texto estará em interlocução com um texto publicado nessa revista;
> - sua carta deve conter sua identificação (nome e endereço) e não deve ser muito longa.

Percorrendo o *continuum*: o artigo de opinião

Vamos examinar agora um terceiro gênero textual, o **artigo de opinião**. À semelhança do que acontece com a carta do leitor, o artigo de opinião também consta, em geral, em uma seção especialmente dedicada à sua publicação e com uma denominação que aponta para o teor opinativo do texto. Não é incomum, no entanto, encontrarmos em revistas e jornais artigos de opinião que assim se definem mais pela sua constituição do que pela localização em uma seção própria nesses veículos de comunicação, isto é, identificamos que se trata de um texto dessa natureza, embora ele não receba a denominação de *artigo de opinião* ou outra similar. Veja, a seguir, um artigo retirado do jornal *Folha de S. Paulo*.

Educação, sim; violência e indisciplina, não

O assunto já é conhecido de todos: a violência nas escolas. O problema tomou proporções assustadoras. Os professores estão acuados. As agressões nas salas de aula vão dos insultos verbais aos desacatos pessoais e, muitas vezes, violência física.

Igual vandalismo ocorre com o equipamento escolar. As carteiras são rabiscadas com palavreado ofensivo, os banheiros são emporcalhados impedindo o uso decente, os livros das bibliotecas são depredados com raiva.

Em suma, as escolas públicas e privadas estão sendo habitadas por uma população de vândalos – adolescentes que buscam concentrar seu ódio em algum ponto para mostrar a sua aversão às regras e à disciplina da civilidade.

Os professores estão cada vez mais temerosos. Já se fala em fobia escolar. Muitos deles têm medo de entrar na sala de aula, pois sabem ser impotentes para enfrentar a agressividade da adolescência dos dias de hoje.

A situação é muito grave. Educadores e psicólogos têm estudado o assunto de vários ângulos. Ninguém chegou à fórmula mágica do respeito necessário. Os professores culpam os pais. Os pais culpam os professores. Professores e pais culpam os diretores. Os diretores culpam as autoridades educacionais e assim vai. É um longo jogo de empurra-empurra como bem classifica Rosely Sayão, psicóloga que trata desse tema com frequência neste jornal.

De todas as explicações, impressiona-me a que analisa com profundidade a nova família. O mundo mudou muito nos últimos 50 anos e a família mudou mais ainda. No passado, errava-se pelas agressões autoritárias praticadas contra os filhos por motivos banais. Hoje, erra-se pela falta de regras com que são criados os filhos.

Penso ser pouco numeroso o grupo de alunos que são disciplinados em casa e indisciplinados na escola. O comportamento escolar reflete, em grande parte, o que é ensinado pelos pais.

Os pais modernos ficaram sem tempo para educar os filhos. Estes tendem a ficar sozinhos em casa ou envolvidos por verdadeiras gangues cujo padrão de comportamento vai do assalto verbal à agressão física, passando pelas drogas e sexo descontrolados. A família moderna terceirizou a educação dos filhos – deixando-os a cargo de empregadas sem tempo e preparo para substituir os pais ou simplesmente deixaram os filhos como reféns de grupos que cultivam o desrespeito.

Sei que esse problema é uma das preocupações centrais das autoridades educacionais de hoje. Vejo com bons olhos algumas experiências que parecem reduzir o grau de violência escolar como é o caso da abertura das escolas aos alunos e pais nos fins de semana, a intensificação das atividades esportivas, o estímulo à música através de orquestras e corais, a explicação da razão de ser das regras escolares e várias outras.

> Mas o problema está longe de ser resolvido porque os adolescentes agressivos e violentos estão, na verdade, mostrando o resultado do abandono familiar. É um problema de grande gravidade que não se resolve com atos de governo ou punições dos jovens. Os pais têm de se conscientizar que a escola não pode consertar o que eles estragam em casa.

FONTE: Moraes, 2005.

A fim de analisar mais detalhadamente esse artigo, considere os seguintes elementos:

a. A respeito do tema do artigo, indicado no título (violência e indisciplina nas escolas), merecem destaque a pouca profundidade com que o problema é tratado e a orientação argumentativa claramente ligada à autoria do texto – Antônio Ermírio de Moraes, um dos maiores empresários do país, elevado pela mídia à categoria de pensador da realidade nacional nos setores político, econômico, social e, como vemos pelo texto em questão, educacional, ainda que não seja educador nem seja um estudioso da área. Assim, por um lado, a complexidade do problema é reduzida a um fator único: a educação familiar; por outro, na discussão sobre um tema pinçado do meio escolar, a escola e seus personagens principais (alunos, professores, demais profissionais da educação, comunidade escolar e a própria prática educativa) são desconsiderados na especificidade dos papéis sociais que assumem nesse ambiente. Não é difícil perceber, pois, como o tratamento do tema sempre está condicionado à posição do sujeito que enuncia. Nesse sentido, o artigo de opinião é um dos gêneros constituídos para se configurarem como a expressão de indivíduos ou grupos sociais acerca de temas relevantes em uma dada sociedade.

b. Quanto ao contexto de produção, atente para os seguintes aspectos:

- É comum que os articulistas de jornais e revistas sejam nomes de personalidades no universo jornalístico, acadêmico ou empresarial e tenham exclusividade na ocupação de um espaço no jornal ou revista; têm como interlocutores leitores com um determinado nível de letramento e que pertencem, em geral, às classes A e B: intelectuais, economistas, sociólogos, advogados, cientistas sociais, professores, estudantes universitários, entre outros. O artigo que nos serve de exemplo, então, constitui-se em uma resposta a essas classes letradas da sociedade, diante das quais o autor parece se ver impelido a posicionar-se em relação aos fatos mencionados como forma de reafirmar a ideologia que defende.

- O artigo de opinião se encontra entre os gêneros que circulam na esfera pública, situado no contexto jornalístico, estando, por isso, relacionado ideologicamente a esse contexto. Como a carta do leitor, tem sua atualidade vinculada à atualidade dos fatos e dos temas de interesse de uma sociedade e, normalmente, ocupa um espaço no jornal ou na revista especialmente reservado para textos em que se apresentam pontos de vista e argumentações acerca de temas variados.

c. O propósito em um artigo de opinião é, genericamente, o de argumentar a favor de um ponto de vista, intenção à qual podem ligar-se outros objetivos: contestar, polemizar, ironizar, convencer, entre outros. Em nosso exemplo, o posicionamento, como já comentamos, é o de um empresário de sucesso, razão pela qual a argumentação é subjetivamente orientada a partir da posição ocupada por essa personalidade, que representa a classe empresarial e neoliberal, leiga, portanto, em matéria de assuntos educacionais.

d. Em um artigo de opinião, é empregado o registro formal ou semiformal, conforme padrão seguido pelo jornal ou pela revista em que aparece publicado. Em comparação com a carta do leitor, existe maior determinação na busca por um padrão de linguagem que se aproxime mais da escrita culta/formal. Podemos afirmar que o uso desse nível de linguagem se constitui em um elemento que se soma a outros na tentativa de dar credibilidade à opinião do autor do texto; a intenção parece ser a de que o prestígio da norma culta se estenda à autoria.

e. O texto que lemos traz em sua estrutura, primeiramente, a exposição dos fatos geradores da motivação para a produção do artigo e, em seguida, uma reflexão a respeito das possíveis causas para a violência nas escolas. O autor, assumindo a primeira pessoa do singular (eu), elege um argumento para explorar, apresenta os caminhos já adotados para minimizar o problema e acaba por concluir que a resolução se encontra na ação da família, ou dos pais, que, sozinhos, sem a interferência do governo, devem adquirir a consciência de que precisam. Há também artigos que iniciam com uma narrativa com a qual passam fazer uma analogia ou que possa servir como ponto de partida para sua argumentação. É comum também a recorrência à citação de outros textos, obras e autores para fundamentar uma opinião; é o que faz Antônio Ermírio ao mencionar Rosely Sayão, psicóloga e também colunista do jornal citado.

Para refletir IV

Neste capítulo, foram apresentados alguns textos que tratam desse tema e que podem ter estimulado sua reflexão sobre a questão. Agora, você também vai procurar se posicionar em relação ao problema da violência nas escolas, a fim poder produzir um texto de opinião a respeito dessa temática para ser publicado em um jornal de circulação no bairro em que você mora. Para tanto, observe as seguintes orientações:

- Depois de posicionar-se, procure definir seus argumentos e fundamentá-los, buscando prever quais seriam as contra-argumentações que lhe poderiam ser apresentadas.
- Faça uma avaliação quanto à imagem que você faz de seus interlocutores, isto é, os moradores do seu bairro, para orientar sua argumentação e a escolha em relação ao nível de linguagem a ser usado em seu texto.
- Procure organizar as informações que serão expostas no texto: esclareça primeiro para o leitor o tema de que você irá tratar (mencione fatos acontecidos, se quiser) e depois planeje em que ordem serão abordados os seus argumentos.

> + Seu texto não precisa ser muito longo; o importante é que exista consistência em sua argumentação.
> + Lembre-se de que a qualidade de seu texto está diretamente relacionada à observação dos fatores de textualidade tratados no capítulo anterior.

Devemos observar ainda mais um aspecto no que diz respeito aos gêneros textuais: por estarem estreitamente vinculados às atividades humanas realizadas nas diversas esferas sociais, é essencial que o usuário da língua se preocupe não apenas com a produção adequada do gênero, mas também com a adequação do seu uso (Marcuschi, 2005, p. 34). Com isso, não estamos negando a adaptabilidade como característica do gênero, que lhe confere a possibilidade de moldar-se conforme as necessidades de quem o utiliza. Apenas entendemos que devemos levar em consideração que usamos a língua em atividades que se constituem em determinadas rotinas sociais. Se estas não forem consideradas, é muito provável que os interlocutores se vejam em situações conflituosas ou constrangedoras.

Assim, por exemplo, escrever um *e-mail* que irá circular entre todos os funcionários de uma empresa como se fosse um texto para ser lido unicamente por amigos íntimos, devido ao seu conteúdo, pode não ser bem-visto no ambiente organizacional e passar aos demais uma impressão equivocada sobre o autor do *e-mail*. Igualmente, em uma reunião entre amigos, em que existe grande informalidade, tratar formalmente de assuntos de trabalho sem que os participantes tenham dado essa autorização à pessoa pode interferir negativamente na imagem que eles podem fazer dela, comprometendo até mesmo seu relacionamento social. Nesses dois casos, podemos afirmar que foram desrespeitados os critérios da aceitabilidade e da situacionalidade.

Consideremos, ainda, uma carta do leitor sobre alguma questão polêmica que demonstre, contrariamente à pretensão do autor, o preconceito do remetente contra algum segmento da sociedade. Especialmente por se tratar de uma comunicação pública, aqui foram a informatividade e a intencionalidade os fatores responsáveis pelo mal-entendido.

Certamente você mesmo já vivenciou situações em que houve algum desajuste entre os vários elementos envolvidos na produção de um gênero no interior de uma prática de linguagem. Como usuários da língua, temos um conhecimento intuitivo de como devemos usá-la em contextos variados; basta que busquemos torná-lo cada vez mais consciente.

Síntese

Neste capítulo, apresentamos os gêneros textuais na perspectiva de como se definem e de como funcionam no interior das práticas sociais. Com a apresentação dessa abordagem, o objetivo foi viabilizar a ampliação de seus conhecimentos sobre a natureza dos textos que circulam na sociedade e, ainda, refletir sobre a constituição das duas modalidades da língua, a oralidade e a escrita, possibilitando o amadurecimento de suas habilidades linguísticas.

Atividades de autoavaliação

1. Quanto à relação entre a oralidade e a escrita, indique se as afirmativas a seguir são verdadeiras (V) ou falsas (F):
   ( ) Existe uma fronteira bem definida entre oralidade e escrita.
   ( ) Fala e escrita são duas modalidades da língua bastante diferentes e dicotômicas.
   ( ) Oralidade e escrita estão estreitamente relacionadas.
   ( ) Fala e escrita formam um *continuum*.

   Assinale a alternativa que corresponde à sequência que você obteve:
   a. V, F, V, F
   b. F, F, V, V
   c. V, V, F, F
   d. F, V, V, F

2. No que se refere à relação entre gêneros orais e escritos, indique se as afirmativas a seguir são verdadeiras (V) ou falsas (F):
   ( ) Existem unicamente gêneros tipicamente orais e gêneros tipicamente escritos.
   ( ) Gêneros tipicamente orais são aqueles que só se realizam na oralidade.
   ( ) Existem gêneros que se realizam na interface entre oralidade e escrita.
   ( ) Gêneros tipicamente escritos são aqueles que só se realizam na escrita.

Assinale a alternativa que corresponde à sequência que você obteve:

a. V, F, F, F
b. F, F, V, V
c. F, V, V, V
d. V, V, F, V

3. Assinale a afirmativa que completa corretamente o enunciado a seguir:

Para produzir um texto de determinado gênero:

a. basta saber como deve ser sua estrutura.
b. é necessário avaliar todos os fatores implicados na situação de interação verbal.
c. é preciso escrever a introdução, o desenvolvimento e a conclusão.
d. basta saber para quem o texto se destina.

4. Quanto ao gênero *e-mail*, indique se as afirmativas a seguir são verdadeiras (V) ou falsas (F):

( ) Existe um único modo de escrever *e-mail*, porque em todos os *e-mails* que produzimos o suporte é o mesmo – a internet.
( ) O *e-mail* que chamamos de *pessoal* aceita uma grande variedade temática.
( ) Os propósitos de quem escreve um *e-mail* podem ser muitos e variados.
( ) O contexto de produção em que se escreve um *e-mail* pessoal é diferente do que se verifica ao se escrever um *e-mail* de trabalho.

Assinale a alternativa que corresponde à sequência que você obteve:
a. V, F, V, V
b. F, F, F, V
c. V, F, F, F
d. F, V, V, V

5. Indique se as alternativas que completam o enunciado a seguir são verdadeiras (V) ou falsas (F):

Ao produzir uma carta do leitor para ser enviada a uma revista que você costuma ler:
( ) você pode produzir um texto que tenha relação com alguma notícia ou reportagem publicada nessa revista.
( ) você pode fazer uma crítica ao tratamento dado a um tema em uma reportagem publicada em uma edição anterior dessa revista.
( ) você só pode dirigir-se à equipe de redação da revista, e nunca a um dos articulistas ou colunistas que tenham assinado alguma matéria ou texto presente em uma edição anterior.
( ) não é necessário se preocupar com o nível de linguagem predominantemente empregado na revista.

Assinale a alternativa que corresponde à sequência que você obteve:
a. F, V, F, V
b. V, V, F, F
c. F, F, V, V
d. V, V, V, F

Atividades de aprendizagem

Questões para reflexão

1. Procure examinar um exemplar de uma das revistas nacionais de maior circulação no país: a revista *Veja*. Localize a seção que ela reserva à divulgação de cartas dos leitores. Depois de ler atentamente cada uma delas, identifique o propósito com que cada uma foi escrita. Verifique também se existe uma incidência significativamente maior de cartas sobre uma determinada notícia ou reportagem e o que teria motivado esse fato.

2. O presidente Lula, em seus discursos, provoca com frequência o debate e a crítica em torno de seu "modo de falar", sendo um interessante exemplo sobre a relação entre língua e imagem social. Em pronunciamentos oficiais, ao lado de ministros e outras autoridades, Lula insere em seu discurso metáforas construídas com base em analogias que faz com situações típicas do futebol ou de outras atividades populares. Os meios de comunicação não deixam de ressaltar essas passagens, sempre sugerindo o que há de pitoresco, prosaico, deselegante ou inapropriado nesses usos. Com base no que comentamos a respeito das relações entre fala e escrita e a partir da afirmação de Marcuschi (2006, p. 36) de que "É possível que identidade seja um tipo de desvio da norma-padrão", reflita sobre o porquê do estranhamento que a fala de Lula provoca.

Atividade aplicada: prática

1. Um dos gêneros que tiveram origem com a amplitude do alcance da internet foi o *chat*, empregado, inclusive, no meio acadêmico, em que é denominado de *chat educacional*. Esse gênero é largamente usado por alunos e professores de cursos a distância, podendo-se afirmar até mesmo que, sem o uso do *chat*, não seria possível obter um nível razoável de interlocução nesse contexto, o que significaria, sem dúvida, um déficit na qualidade dessa modalidade de ensino.

   Com base no conhecimento que você tem de *chats* educacionais, faça uma análise sobre esse gênero, refletindo sobre os seguintes elementos, à semelhança do que você viu neste capítulo por meio da análise de outros gêneros: tema, contexto de produção, objetivos, nível de linguagem e estrutura.

   Registre suas ideias por escrito e estabeleça como interlocutor para o texto que você irá produzir um aluno do ensino a distância que possua pouca experiência no uso de *chats* educacionais. Se precisar, pesquise na internet ou consulte professores que já tenham se utilizado desse gênero em sua prática docente.

{

um	das variações à uniformidade
dois	o texto escrito
três	os gêneros textuais
# **quatro**	**resumo e resenha**
cinco	relatório e artigo
seis	reescrevendo o próprio texto

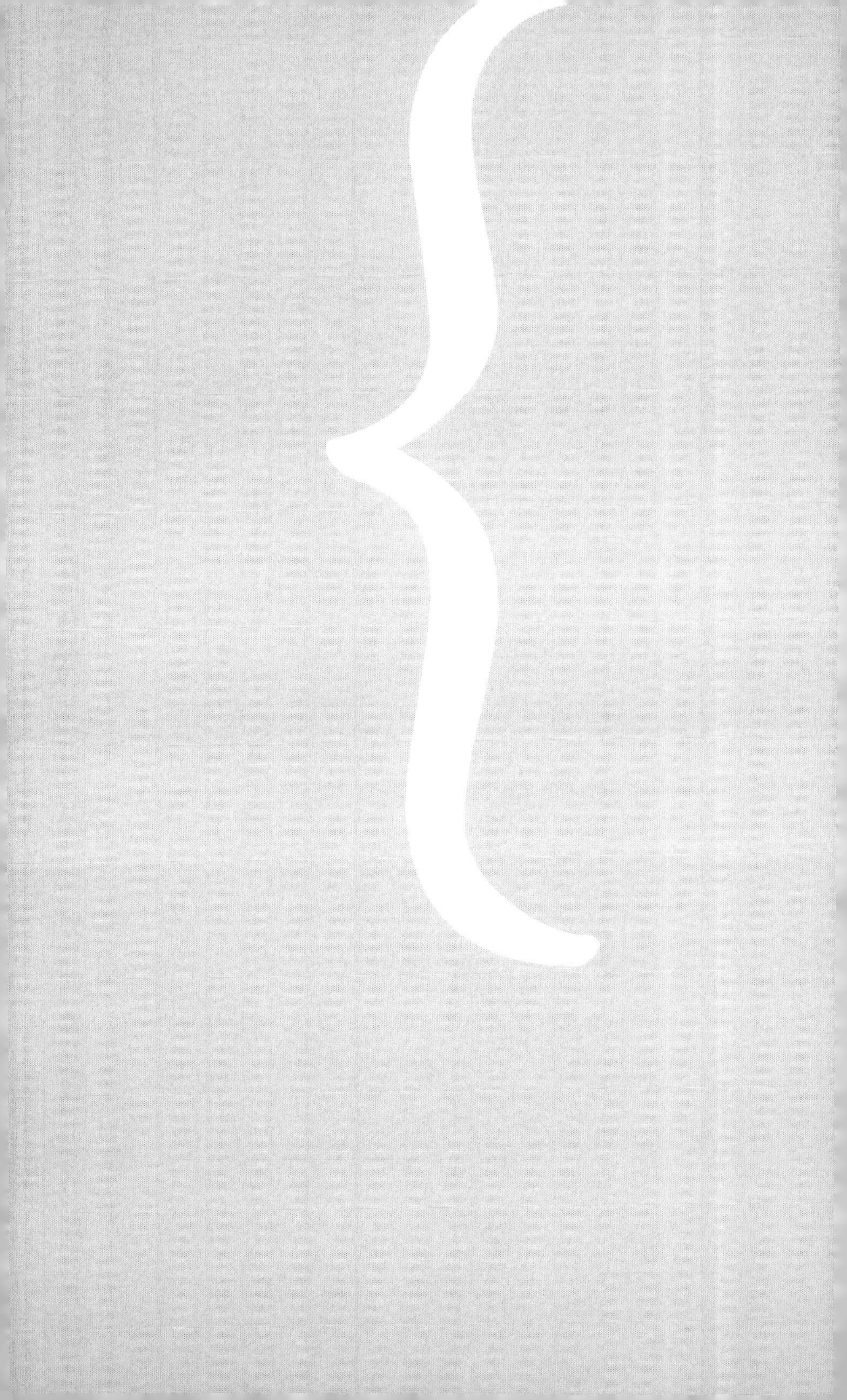

❰ A FIM DE darmos continuidade à abordagem dos gêneros textuais, iniciada no capítulo anterior, iremos tratar neste e no próximo capítulo de alguns gêneros comumente produzidos nos meios escolar e acadêmico. Começaremos por dois gêneros frequentemente confundidos – o resumo e a resenha. Nos dois casos, iniciaremos com a delimitação dos nossos objetos de estudo neste capítulo, o resumo e a resenha escolares/acadêmicos, para, em seguida, partirmos para a reflexão sobre como se dá o processo de produção desses gêneros e como eles se estruturam. O objetivo é, ao mesmo tempo, enfocá-los em suas funções sociocomunicativas e apresentar orientações que subsidiem o leitor em suas estratégias de produção textual.

quatropontoum
Resumo: em busca de uma definição do gênero

Para iniciarmos nossas reflexões sobre como se constitui o gênero resumo, primeiramente você deve ler os quatro textos reproduzidos a seguir. São todas produções destinadas a sintetizar as ideias encontradas em outros textos, chamando-se, por isso, *resumos*.

Resumo 1

Dicas e indicações

O princípio da dignidade da pessoa humana
Célia Rosenthal Zisman
Editora: IOB

A obra demonstra a aplicabilidade do princípio da dignidade da pessoa independentemente de limite territorial ou de tempo, em função de sua validade universal. Parte-se do surgimento das liberdades públicas para, com o relato da evolução histórica, alcançar o contexto atual dos direitos fundamentais que propiciam a dignidade. Trata-se da necessidade de uma força internacional capaz de conter as violações aos direitos humanos em qualquer parte, superando-se a necessidade de previsão desses direitos na Constituição de cada Estado soberano. A dignidade não depende de critérios governamentais. Estados não democráticos também sofrem a influência do princípio universal da dignidade, devendo a comunidade internacional passar de espectadora para atuante, fazendo cessar conduta lesiva à dignidade. Há direitos humanos comuns, incontestáveis, a serem protegidos.

FONTE: Mediação, 2006, p. 43.

Resumo 2

RESUMO: Este trabalho apresenta algumas reflexões, ainda incipientes, em torno da forma como a questão ética vem sendo tematizada na linguística desenvolvida no Brasil. A partir da ideia de relações intrínsecas entre ciência e ética, é elaborado um levantamento, em revistas especializadas e em anais de congressos, dos trabalhos de linguistas cujo tema central seja a ética. A conclusão a que se chega é que esse é um tema pouco enfatizado pela linguística no Brasil e que, em razão de sua relevância no âmbito das ciências humanas, seriam desejáveis maiores discussões epistemológicas sobre implicações éticas intrínsecas às diferentes teorias linguísticas vigentes.

FONTE: Santarosa, 2004.

Resumo 3

Este trabalho tem como objetivo identificar e analisar indícios da formação de estilos individuais em textos de duas crianças em fase de aquisição da escrita que, embora gêmeas idênticas, estão em séries escolares diferentes. Os dados analisados, coletados longitudinalmente, são constituídos de textos de gêneros diversos, produzidos a partir da orientação teórica encontrada em Schneuwly e Dolz (2004). Foi assumida a perspectiva da escrita como prática social, em que todos os elementos da interação verbal exercem influência decisiva no modo como o sujeito opera com e sobre a linguagem e, ainda, na construção da sua representação da escrita. A análise dos dados mostrou indícios da emergência de estilos individuais na escrita de cada sujeito da pesquisa, tanto no caso da criança com histórico escolar satisfatório quanto no caso daquela que, apesar de portadora das mesmas condições genéticas e sociais da irmã gêmea, fora reprovada, por duas vezes, na primeira série, em razão de sua suposta "incompetência" para escrever conforme os padrões requisitados pela escola, instituição cujo papel na constituição do estilo individual foi considerado significativo. A fundamentação teórica que norteou a interpretação dos dados singulares e a análise estilística teve base nas considerações de Ginzburg (1989), Abaurre, Fiad e Mayrink-Sabinson (1997; 2003), Corrêa (2004), Bakhtin (1976; 1995; 2000; 2002) e Possenti (2001; 2002).

FONTE: Hartmann, 2007.

Resumo 4

Em "Duas leis reitoras", Darcy Ribeiro inicia suas reflexões a partir do relato das experiências que amealhou com os indígenas e com os brasileiros habitantes dos sertões, destituídos das terras em que sempre viveram e distantes da civilização. De acordo com sua visão de intelectual formada nessas vivências, compara esses posseiros aos pioneiros que desbravaram os sertões dos Estados Unidos, dois povos que tiveram sortes antagônicas em decorrência das leis adotadas lá e aqui. No Brasil uma lei de 1850 estabeleceu que a simples posse da terra não garante nenhum direito sobre a área ocupada, do que decorreu a formação de latifúndios, a ociosidade de terras improdutivas e a constituição de uma população sem terra e sem paradeiro, submetida à exploração, miserável e desestimulada. Nos Estados Unidos os pioneiros receberam amparo de uma lei da mesma época que lhes assegurou a posse de 30 hectares de terra no caso de irem para o Oeste, assentarem lá residência e roça e permanecerem no local pelo prazo mínimo de 5 anos. O resultado foi a formação de uma população de trabalhadores que, diligente porque autônoma, ajudou a América do Norte a tornar-se uma nação rica e farta. A consequência mais grave da legislação fundiária nacional foi a migração para as zonas urbanas de um grande contingente de trabalhadores rurais, que acabaram por ocupar as favelas e ficar na miséria. Com essa análise, o autor pretende demonstrar como a condição de pobreza extrema em que vive a maioria dos brasileiros é determinada por uma lei agrária, antiga, porém sujeita à reforma pela classe dirigente.

Esses quatro textos são todos o resultado do esforço de seus autores de condensar, de forma fiel, as ideias desenvolvidas em outros textos. No entanto, podemos perceber que se trata de textos de natureza diversa, ou seja, embora todos os quatro sejam nomeados como *resumos*, não podem ser considerados como um único e mesmo gênero textual. Vamos demonstrar essa conclusão com base na análise de como eles se constituem nas diferentes esferas sociais em que foram produzidos.

Uma primeira consideração deve ser feita a respeito da funcionalidade de cada um dos quatro textos apresentados, isto é, das diferentes funções que desempenham nas práticas sociais em que se formaram. Nesse sentido, podemos afirmar o seguinte:

- O Resumo 1 se presta à divulgação de uma obra, considerada relevante, em uma revista de circulação entre os membros de uma comunidade escolar (alunos e seus familiares, professores, coordenadores, direção e demais funcionários do colégio) como forma de compartilhar ideias e saberes.
- O Resumo 2 se presta à explicitação da ideia central desenvolvida em um artigo publicado em uma revista de divulgação científica, que circula, portanto, entre os membros da comunidade acadêmica de uma determinada área de conhecimento. É de apresentação obrigatória, isto é, constitui uma exigência da revista para aqueles que desejam ter seus trabalhos nela publicados, servindo de guia para os leitores selecionarem os artigos que irão se propor a ler. Deve ter seu correspondente em outra língua, conforme determinação normativa da revista, a fim de poder ter sua penetração aumentada no meio acadêmico da área.
- O Resumo 3 se presta à apresentação condensada de uma dissertação de mestrado, mencionando a apresentação e a contextualização da pesquisa, a descrição sintética da metodologia empregada e a sumarização dos resultados. É também de apresentação obrigatória, isto é, constitui-se em um dos elementos que devem compor a estrutura de uma dissertação a ser apresentada

à banca de defesa. Deve ser formulado em outra língua (determinada pela instituição acadêmica à qual o mestrando está afiliado) com vistas a poder inserir seu autor no diálogo entre seus pares na comunidade científica nacional e internacional.

* O Resumo 4 se presta à demonstração, por parte de um aluno, do entendimento adequado das ideias desenvolvidas em outro texto tomado para leitura e interpretação. Como tal, tem circulação unicamente no meio escolar ou acadêmico.

Consideradas essas diferenças, podemos distinguir entre quatro denominações para efeitos de identificação dos resumos apresentados: *resumo-resenha* (1), *resumo de artigo científico* (2), *resumo de dissertação ou tese* (3) e *resumo escolar/acadêmico* (4).

Fazemos aqui a distinção entre as quatro denominações propostas anteriormente por duas razões. A primeira consiste em que assim conseguimos demonstrar mais concretamente como, na verdade, os textos que costumamos chamar de *resumos* são de natureza diversa e assumem diferentes configurações, em atendimento às necessidades dos usuários da língua nos variados eventos de letramento. A segunda razão reside no efeito positivo que pode ter para nós a definição o mais exata possível do nosso objeto de estudo neste capítulo – o resumo escolar/acadêmico.

> ## Para refletir I
>
> Retomando a análise dos gêneros enfocados no terceiro capítulo, identifique os elementos indicados a seguir em relação ao Resumo 4.
> a. Tema.
> b. Contexto de produção:
>   * interlocutores;
>   * momento de produção e lugar em que o texto circula.
> c. Objetivos.
> d. Nível de linguagem.
> e. Estrutura do resumo.

Fases de produção do resumo escolar/acadêmico

Não existe um único procedimento a ser seguido para a produção de um resumo escolar/acadêmico, tampouco uma configuração única desse gênero. Logo, nossa intenção é, antes de tudo, apresentar algumas orientações que podem ajudá-lo na tarefa de compor o gênero *resumo escolar/acadêmico*, solicitado com frequência nesses meios. Você poderá certamente acrescentar algumas informações encontradas aqui à sua experiência como aluno que provavelmente já teve de produzir resumos no contexto da escola e/ou da faculdade.

Leitura e compreensão do texto a ser resumido

Vamos partir da análise do texto que deu origem ao Resumo 4. Trata-se de um artigo do antropólogo Darcy Ribeiro. Leia-o com atenção.

Duas leis reitoras

1   O que me faz um intelectual atípico foram vivências raras que tive e que me conformaram. Foram os anos que passei com os índios, aprendendo com eles a ser humana gente. Foi também o convívio simultâneo, nas fronteiras da civilização, com o brasileiro comum que vive lá, com suas caras feias, sua magreza esquelética, sua gesticulação espantosa. Gente que pasmada vê o mundo como uma armadilha em que uns poucos senhores, totalmente imprevisíveis, tudo podem. Até não ser ruins. Rarissimamente. Eu os vi chorando diante de bois que derrubavam as cercas com os chifres para comer suas rocinhas. Eles não podiam fazer nada, as terras em que tinham vivido desde sempre pertenciam agora a quem tinha um papel de cartório, dizendo que era o proprietário.

2   A propósito, conto a vocês uma conversa que tive com um índio muito inteligente – o cacique Juruna. Ele me perguntou um dia quem é que inventou o "papé". Eu quis explicar como é que se fabrica papel com madeira esmagada. Juruna reclamou que queria saber é do "papé" verdadeiro. Esse que levado na mão de um homem o torna dono de terras que nunca viu e onde um povo viveu por séculos.

3   Os posseiros que encontrei pelos matos são os equivalentes nativos dos pioneiros norte-americanos que vemos nos filmes de bangue-bangue viajando em suas carretas para os goiases de lá. O destino de uns e outros foi forjado por duas leis. A nossa, sagacíssima, afirma desde 1850 que a simples posse da terra não dá direito a nada. A norte-americana, promulgada dez anos depois, garantia a quem fosse para o Oeste, fizesse uma casa e uma roça e lá permanecesse por cinco anos o direito de demarcar como sua uma granja familiar de 30 hectares.

4   As consequências das duas leis são opostas. Aqui, deu lugar à expansão do latifúndio, com o poder de manter a terra improdutiva, mesmo que o povo morra de fome. Monopolizando a terra, sem nenhuma obrigação de usá-la, obriga todo trabalhador rural que sai de uma fazenda a cair em outra fazenda igual. Superexplorado e desestimulado para o trabalho, sem qualquer esperança de ter um dia sua terrinha para plantar mandioca e milho, alimentar seus filhos, suster-se e existir como gente livre e autônoma.

5   A lei ianque fez criar uma nação de milhões de granjeiros livres. Esforçados, porque trabalhavam para si mesmos. Eles deram as bases para a prosperidade da América do Norte.

6   O efeito mais grave da institucionalidade fundiária brasileira foi a expulsão precipitada da população do campo, inflando cidades despreparadas para recebê-las, enchendo as favelas e as periferias de núcleos humanos que se contam entre os mais miseráveis do planeta.

7   Demonstra-se, desse modo, que uma simples lei, aparentemente mutável, mas espantosamente forte e persistente, possibilita que uns poucos mil latifundiários condenem a um destino infernal cerca de 100 milhões de brasileiros pobres e paupérrimos.

FONTE: Ribeiro, 1995.

No processo de compreensão de texto, é preciso considerar que estão envolvidos basicamente os seguintes aspectos:

- o leitor faz algumas hipóteses antes de ler um texto, com base em elementos que podem acionar conhecimentos que já detém em busca de conseguir atribuir sentido ao que lê e avançar em seu processo de compreensão;
- os objetivos do leitor ao ler um texto são determinantes para a sua compreensão;
- o leitor deve atentar para o modo como se relacionam as ideias apresentadas pelo autor ao longo de sua argumentação.

Partindo desse pressuposto, vamos fazer algumas observações relacionadas à leitura e à compreensão do texto de Darcy Ribeiro caso você tivesse que resumi-lo. As questões que iremos propor e sobre as quais iremos refletir podem servir-lhe de orientação ao ler qualquer texto que precise resumir.

1. Hipóteses de leitura e conhecimento prévio

   a. Ao ler o título *Duas leis reitoras*, que hipóteses você formulou a respeito do conteúdo desse texto?
   b. Você sabe quem foi Darcy Ribeiro? Há autores cuja força de seu pensamento fica tão associada aos seus nomes que o simples fato de sabermos que um texto é de determinado autor nos faz assumir certas hipóteses sobre o que vamos ler antes mesmo de iniciarmos a leitura*.
   c. Caso você desconheça alguma palavra ou expressão empregada no texto, procure elucidar suas dúvidas consultando

---

* Você pode encontrar importantes informações sobre a vida e a obra de Darcy Ribeiro no *site* da Fundação Darcy Ribeiro (Fundar), disponível em: <http://www.fundar.org.br/>.

um dicionário ou tentando apreender seu sentido dentro do próprio texto, no contexto da frase em que foi empregada. Pode ocorrer também de alguma palavra poder ter seu sentido esclarecido se atentarmos para o modo como foi composta. Liste as palavras que lhe causam dúvidas quanto ao sentido, as quais você deverá tentar sanar.

2. Objetivos da leitura

   a. Para resumir o texto de Darcy Ribeiro, é importante fazer uma leitura inicial apenas para familiarizar-se com o seu conteúdo.
   b. Depois disso, você deve fazer uma ou mais leituras, procurando identificar quais são as ideias mais relevantes explicitadas pelo autor. Como se trata de um artigo de opinião, você deve reconhecer qual é a tese que ele defende, quais são os argumentos de que se utiliza e qual é a conclusão a que chega. A seguir, vamos propor uma análise desses aspectos.
      + 1º e 2º parágrafos: Contextualização e apresentação da temática – Darcy Ribeiro acumulou significativas experiências ao lado dos índios, dos caboclos e dos posseiros ao longo de sua vida, o que influenciou diretamente na visão que defendeu como intelectual.
      + 3º parágrafo: Tese defendida pelo autor – Existe uma equivalência entre os posseiros nativos do Brasil e os pioneiros norte-americanos. Esses dois grupos humanos, no entanto, tiveram destinos diferentes em razão da

diferença entre as leis que aqui e lá foram adotadas para decidir sobre a propriedade da terra nos primeiros tempos de colonização.

- 4º e 5º parágrafos: Argumentos para comprovar a tese – No Brasil, a lei deu origem aos latifúndios e, em contrapartida, a uma grande população de trabalhadores rurais miseráveis, explorados e desesperançados. Nos Estados Unidos, a lei contribuiu para a prosperidade do país, uma vez que gerou um contingente de trabalhadores rurais livres e esforçados.
- 6º parágrafo: Argumentos para comprovar a tese – Ocorreu a migração para os centros urbanos de um grande número de trabalhadores rurais, que incharam as favelas e se submeteram a uma vida miserável.
- 7º parágrafo: Conclusão a que essa análise faz chegar – Uma lei, a cuja mudança existe forte resistência, produz um quadro em que existe uma minoria dona de latifúndios e uma maioria em condição de pobreza extrema.

3. Relações coesivas entre as ideias do texto

Além de identificar as principais ideias assumidas pelo autor, é fundamental perceber como ele as relaciona, isto é, qual são as relações coesivas que se estabelecem entre essas várias ideias. Às vezes, em alguns pontos do texto, o autor se utiliza de conectivos que explicitam essas relações; em outros, é o próprio conteúdo do seu dizer que indica ao leitor de que modo uma ideia se liga a outra.

Para refletir II

Vamos agora identificar essas relações no texto de Darcy Ribeiro. Perceba que, no item anterior, ao identificarmos a tese, os argumentos e a conclusão do autor, algumas dessas relações já ficaram explicitadas.

a. Qual a relação estabelecida pela locução *a propósito* entre o 1º e o 2º parágrafos? Indique outras expressões que poderiam ter sido empregadas no lugar dela.
b. Qual a relação entre esses dois primeiros parágrafos e a tese defendida pelo autor?
c. Que tipo de relação o autor põe em evidência entre a lei brasileira e a lei americana?
d. No 4º parágrafo, qual a relação estabelecida pela locução conjuntiva *mesmo que*? Por qual outro termo ou locução ela poderia ser substituída?
e. No 5º parágrafo, a conjunção *porque* introduz a ideia de causa. Que outros termos ou expressões poderiam indicar o mesmo raciocínio?
f. Qual a relação entre as ideias do 6º parágrafo e os argumentos apresentados anteriormente pelo autor?
g. Que expressão o autor utiliza no último parágrafo para introduzir sua conclusão com base na argumentação apresentada?
h. Que tipo de relação o conectivo *mas* estabelece? Que outros termos ou expressões poderiam indicar a mesma ideia?

> # Para refletir III
>
> Leia os pequenos textos a seguir e grife o período que traz a ideia central de cada um. Depois, reestruture-os iniciando-os como indicado. Observe que as relações entre os períodos podem sofrer modificações ao serem reorganizados.
>
> a. As fêmeas do abutre-do-egito consideram os machos com rosto amarelo mais atraentes. Como esses animais não produzem o pigmento dessa cor, a solução é ingeri-lo em um lugar pouco agradável: nas fezes de vacas, cabras e ovelhas. Os biólogos acham que as fêmeas encaram a coloração como um sinal de que o macho é resistente a infecções (Kenski, 2002a).
>
> Comece com: *Os biólogos acham que...*
>
> b. Dezenas de sul-coreanos estão fazendo cirurgias para aprender inglês. Na esperança de falar *rice* (e não *lice*), eles cortam a membrana que une a língua à parte de baixo da boca, para dar a ela mais mobilidade. Segundo especialistas, a única mudança que a operação traz na maioria dos casos é aumentar a língua em alguns milímetros (Kenski, 2002b).
>
> Comece com: *Segundo especialistas,...*

Estrutura do resumo

Depois de ler o texto original ao menos duas vezes, procurar identificar e compreender suas principais ideias, bem como as relações estabelecidas entre elas, você pode partir para a produção propriamente dita do resumo. Não existe um único modo de estruturá-lo. O importante é que o leitor possa tomar conhecimento, por meio do resumo, do pensamento registrado pelo autor no texto original.

Não é necessário que as ideias apareçam no resumo na mesma ordem em que foram apresentadas no texto original. O ideal é que você tenha uma boa compreensão de todo o pensamento demonstrado pelo autor. Somente assim, você conseguirá reproduzi-las em seu resumo do modo mais fiel, considerando o modo como estão relacionadas.

Um bom resumo não apresenta cópia de trechos ou frases presentes no texto original. Você deve ser capaz de traduzir para o seu leitor, com suas próprias palavras, as ideias do autor. Além disso, no resumo não entram informações secundárias ou acessórias, como exemplos citados pelo autor, narrativas usadas para ilustrar o seu ponto de vista e ideias mencionadas unicamente para corroborar outras ideias consideradas primárias ou essenciais.

Cabe ainda observar que é recomendável que no resumo exista referência ao texto original e ao autor deste a fim de localizar o leitor. Ao longo do resumo, também é interessante fazer menção recorrente a essa autoria, o que pode ser feito pelo uso de construções variadas, como *segundo o autor, o autor, para fulano*. É importante observar ainda a necessidade de atribuir ao autor ações deduzidas de suas declarações no texto original. Assim, por exemplo, podem ser usadas, conforme a pertinência no contexto, formas verbais como [o autor] *explica, esclarece, contesta, interroga, comprova, demonstra, descreve, justifica, conclui*, entre outras. Atentar para esse aspecto contribui para traduzir, no resumo, com mais fidelidade, o pensamento do autor, tornando a compreensão mais acessível ao leitor.

> ## Para refletir IV
>
> Leia atentamente o texto a seguir.
>
> ### Dom ou técnica?
>
> Às vezes me perguntam se escrever literatura é um "dom" ou uma "técnica" – em suma, se alguém de fato pode aprender a escrever poemas, contos, romances, ou se isso é uma qualidade inata. A mesma pergunta poderia ser feita para qualquer atividade artística – música, pintura, dança, teatro etc. Como cada coisa é uma coisa, é melhor não generalizar. Começo falando de mim e da minha relação com a música, para dar um exemplo extremo. Costumo dizer que não tenho ouvido; tenho orelha. Qualquer tentativa minha de aprender música teve consequências patéticas. Para o bem da humanidade e felicidade dos vizinhos, já de pequeno abandonei minhas pretensões no ramo. Sempre me senti o Bolinha naquela célebre aula de violino. O que não me impede de admirar e ouvir música e até de ter o meu quadro de preferências, o que, imagino esperançosamente, sempre exige alguma sensibilidade na área.
>
> Ao mesmo tempo, admiro aqueles que podemos chamar de "músicos natos"; artistas que com uma caixa de fósforos na mão e um assobio fazem milagres de melodia com arte e engenho. A história da música popular está cheia de artistas extraordinários que jamais estudaram teoria musical.

Tudo são meras impressões de cronista – os especialistas saberão certamente precisar melhor como funciona essa máquina de talentos. O caso da literatura é diferente. Se não é qualquer um que pode dominar bem um instrumento musical, na literatura qualquer pessoa, por princípio e capacidade neurológica, aprende perfeitamente a ler e escrever, desde que seja normalmente educada e estimulada para isso – e ler e escrever são a matéria-prima da literatura. Assim, todas as pessoas estão potencialmente muito próximas da literatura – passamos a vida ouvindo e contando histórias, dizendo e repetindo poesias. Assim, na literatura, todos, por princípio, têm o seu "dom" e a sua "técnica". É verdade que é preciso ter alguma inclinação inicial, sempre misteriosa – mas a questão central está em outra parte: é a vontade, ou o desejo, de escrever. Para quem não quer ser apenas um diletante, o desejo de escrever é uma aposta quase que sem volta que acaba por "escrever" o escritor.

    Lembro do famigerado "exame de admissão" de antigamente, a foice que ceifava a metade das crianças brasileiras já no quarto ano primário para que avançassem ao ginásio ou, digamos, voltassem para a roça. Pois levei pau na prova eliminatória – prova de redação! Tive de fazer o vexaminoso "quinto ano" no Grupo Escolar Zacarias, horário do meio, de "recuperação", das 10h30 às 14h30, para tentar outra chance, numa turma de barbados irrecuperáveis e malandros em geral. A crer no "dom", eu já estaria fadado à desgraça desde o início. A tal da "técnica", que se aprende, resolveu o problema básico – mas o escritor, mesmo, esse nasceu de uma decisão pessoal que tomei lá pelos meus 15 anos e por ela dirigi minha vida.

FONTE: Tezza, 2008.

Produza um resumo desse texto. Para isso, considerando tudo o que comentamos neste capítulo, siga as orientações a seguir:

- faça ao menos mais uma leitura do texto;
- grife no próprio texto as principais ideias defendidas pelo autor;
- identifique a tese defendida pelo autor e os argumentos de que se utiliza para isso;
- observe as relações estabelecidas entre elas;
- ao elaborar seu resumo, lembre-se de que, em todo texto escrito, você deve levar em conta os fatores de textualidade, vistos no capítulo 2.

quatropontodois
Resenha: em busca de uma definição do gênero

Leia os textos a seguir. Preste atenção à sua forma e ao seu conteúdo. Na sequência, eles nos servirão como ponto de partida para o estudo do gênero *resenha*.

Resenha 1

Dicas e indicações

Como e por que ler os clássicos universais desde cedo
Ana Maria Machado
Editora: Objetiva

A premiada escritora Ana Maria Machado nos conduz por uma fascinante viagem – um passeio pelos grandes textos de literatura universal. Um mergulho no que de melhor já se produziu em literatura infanto-juvenil. Acompanhá-la ao longo dessas páginas é constatar que ler pode transformar-se numa grande aventura. Numa linguagem saborosa, a autora nos conta um pouco de sua própria história de leitora. Suas primeiras paixões literárias, seus personagens inesquecíveis, as histórias que sempre volta a ler. Enquanto traça a cartografia emocionada de suas paixões literárias, Ana Maria Machado nos contagia e nos desperta a vontade de também conhecer esses personagens incríveis.

FONTE: Mediação, 2006, p. 7.

Resenha 2

Elogiemos os Homens Ilustres

James Agee e Walker Evans. Companhia das Letras, 456 págs., R$ 62. Jornalismo.

A revista *Fortune* enviou um repórter e um fotógrafo para conhecer a vida dos trabalhadores pobres do Alabama em 1936. Depois de algumas semanas, eles produziram uma matéria que ultrapassava os limites de "decência" estipulados pela Associação Americana de Editores de Jornais em 1923. Os profissionais eram James Agee (texto) e Walker Evans (imagens). Quando voltaram para Nova York, seus superiores se recusaram a publicar o material – um dos motivos era o fato de Agee (1909-1955) ter admitido que sentiu atração pela mulher de um dos meeiros que foram retratados na reportagem. O material recusado foi retrabalhado pelo escritor e publicado na forma de livro em 1941, com o nome *Elogiemos os Homens Ilustres*. A obra, um dos principais documentos da experiência americana durante a Depressão, virou referência para historiadores, sociólogos e antropólogos. Esta é a primeira vez que o livro é publicado no Brasil, numa edição incrível. Com 520 páginas e formato 16 cm x 23 cm, o volume tem um caderno em papel cuchê de 64 páginas com as fotos em branco e preto de Walker Evans (1903-1975). Agee ainda se tornaria conhecido como crítico de cinema e venceria o Pulitzer com o romance *A Death in the family* ("Uma morte na família"), publicado dois anos depois de sua morte – apressada pelos excessos de bebida e cigarro comuns à época. (IBN)

FONTE: Netto, 2009.
(Irineo Baptista Netto – Material cedido pela Editora Gazeta do Povo S.A.)

Resenha 3

Crítica/cinema
Em Scoop, Woody Allen retoma humor
Sérgio Dávila, de Washington

Os jornais deveriam ter críticos-setoristas. Um escreveria apenas resenhas de shows de João Gilberto. Outro, de filmes de Woody Allen. Eu me candidataria ao posto dos dois, pois seria um dos trabalhos mais prazerosos do mundo. Gilberto e Allen têm mais em comum do que se imagina. Há pelo menos quatro décadas fazem a mesma música e o mesmo filme. São variações geniais e geniosas sobre o mesmo tema.

No caso do cineasta nova-iorquino, cujo 36º longa estreou nos EUA no último fim de semana, variações frequentemente bem-humoradas, às vezes sérias, muito de vez em quando nem tão bem-sucedidas, sobre crimes, castigos e a culpa judaico-cristã.

O tema está presente neste *Scoop* ("furo de reportagem", no jargão jornalístico inglês), um dos bons representantes da parte "cômica" de sua obra, que lembra muito "O Escorpião de Jade" (2001), principalmente no personagem recorrente do mágico, e "Trapaceiros" (2000), no do sujeito simples, mas habilidoso, que tenta se encaixar na sociedade.

Desta vez, Allen encarna ambos os papéis em um só, como o decadente Splandini, na verdade o mágico Sid Waterman, do Brooklyn, que apresenta o mesmo espetáculo noite após noite numa casa em Londres. Um dia, chama como voluntária para seu número de "desaparição" a ambiciosa estudante de jornalismo Sondra Pransky

(Scarlett Johansson), toda bunda, peitos e vontade de aprender, nenhum talento.

Enquanto está na cabine, ela recebe a visita de um grande jornalista que acaba de morrer (Ian McShane), que recebeu uma dica de um furo de reportagem no além, enquanto está sendo levado com outros mortos pela Morte, num barco wagneriano: Peter Lyman (Hugh Jackman), filho de um nobre, pode ser o terrível Serial Killer das Cartas de Tarô. Sondra e Sid tentam descobrir a história.

Eis o pano de fundo para que o diretor desfie suas inquietações, embalado por frases que deixam a plateia com um sorriso no lábio. Sobre Londres: "Eu moraria aqui, não fosse a barreira da linguagem". Sobre otimismo: "Sou dos que pensam que o copo está metade cheio. De veneno". Tentando se passar por jornalista: "Sabe 'Todos os Homens do Presidente'? Sou o mais baixo".

E tem, é claro, o "fator Scarlett", por quem o diretor está obviamente apaixonado, e você entenderá o motivo. Há poucas maneiras mais agradáveis de passar 96 minutos no cinema.

SCOOP

Direção: Woody Allen

Produção: EUA, 2006

Quando: em cartaz nos EUA, previsto para estrear no Brasil em fevereiro

FONTE: Dávila, 2006.

Resenha 4

Esta abelha tem juízo

O visual colorido e as abelhas bonitinhas podem chamar a atenção de crianças, mas BEE MOVIE – A HISTÓRIA DE UMA ABELHA, da Paramount, escrito pelo humorista Jerry Seinfeld, não é apenas um filme infantil. Barry é uma abelha que acabou de sair da escola e tem de escolher uma profissão para o resto da vida. Depois da crise de adolescente, sai da colmeia e descobre que o mel produzido pelas abelhas é roubado pelos humanos. Barry se revolta e quer levar o caso aos tribunais. Consegue interromper a produção de mel, mas nem tudo sai como ele pensava. O filme se transforma então num manifesto ecológico com o improvável romance entre uma abelha e uma bela florista humana.

FONTE: Cabral, 2008.

Resenha 5

Notas sobre livros – booknotes

Francisco Gomes de Matos
Letras, CAC, UFPE, Recife

Bazerman, Charles. Gêneros textuais, tipificação e interação. Ângela Paiva Dionísio, Judith Chambliss Hoffnagel (Orgs.). Revisão técnica Ana Regina Vieira et al. São Paulo, SP: Cortez Editora, 2005. ISBN 85-249-1105-0 165 p.

O incremento das relações acadêmicas internacionais é um dos fatos mais significativos na História do Ensino Superior em nível de Pós-Graduação, entre nós. Nesse caso, a expressiva Tradição Brasileira em Estudos Linguísticos Teóricos e Aplicados vem sendo beneficiada com a vinda de notáveis *scholars* de vários países. Um exemplo recente foi a visita ao Brasil do linguista Charles Bazerman, Chefe do Departamento de Educação, na Gravitz Graduate School of Education, Universidade da Califórnia, em Santa Bárbara. Tive o prazer e privilégio de conhecê-lo durante sua breve mas memorável permanência no Recife, quando pronunciou uma conferência e conduziu um *workshop*, no Centro de Artes da UFPE. Nessa ocasião, houve o lançamento deste volume, organizado por duas linguistas da referida universidade. Resultante de competente tradução-revisão de cinco textos em inglês, quatro dos quais publicados entre 1997 e 2004, a coletânea tem uma elucidativa apresentação crítica (5 p.) por Luiz Antônio Marcuschi, que destaca a relevância das ideias de Bazerman para um estudo sócio-histórico aprofundado de gêneros, tanto teórica quanto aplicativamente. Seguem-se Introdução pelo Autor (3 p.), seis Capítulos (de 16 a 30 páginas) e Bibliografia (22 p.). Os títulos dos capítulos dão uma ideia da riqueza temática abordada – Atos de fala, gêneros textuais e sistemas de atividades: como os textos organizam atividades e pessoas, Formas sociais como habitats para ação, Enunciados singulares: realizando atividades locais através de formas tipificadas em circunstâncias tipificadas, Cartas e a base social de gêneros diferenciados, Gênero e identidade: cidadania na Era da Internet e na Era do Capitalismo Global,

Atividades estruturadas discursivamente. Cinco capítulos estão divididos em seções, contribuindo, assim, para melhor processabilidade. No capítulo mais extenso (o quinto), há doze seções que enfocam questões de grande atualidade para a compreensão do exercício de uma cidadania discursiva esclarecida e responsável. Dentre as contribuições de Bazerman nesta auspiciosa coletânea, destacaria suas 3 diretrizes metodológicas para pesquisar-se sobre gênero (44-46), a caracterização da responsabilidade textual da pessoa como contribuinte face ao Imposto de Renda (74-82), bem ilustrada por formulário usado nos EEUU – documentação útil para análise intercultural. A louvar também as convicções do organizador da monumental *Handbook of Writing Research* (a sair em 2007 pela editora Erlbaum), quanto às nossas responsabilidades para um mundo de paz e liberdade (128) e seu eloquente apelo em favor de um conhecimento interdisciplinar sobre a organização social discursiva que norteia nossa vida comunicativa (151). Em suma, uma obra inspiradora, por um cientista-educador acima de tudo humanizador, em suas palavras e em sua afetiva presença entre nós. Que continue esse diálogo, bi e pluriculturalmente, em benefício de pesquisadores emergentes e futuros em nossos Programas de Graduação e Pós-Graduação. Para recorrer à fraseologia da hospitalidade brasileira, diria ao autor, em tom bem informal, muito obrigado e volte sempre, Chuck, pessoal ou escrituralmente.

FONTE: Matos, 2005.

Resenha 6

BALTAR, Marcos. Competência discursiva e gêneros textuais: uma experiência com o jornal de sala de aula. Caxias do Sul, RS: EDUCS, 2004. 173 p.

Adair Bonini

Resenha:

1 Este livro, adaptação de uma tese de doutorado defendida em 2003, possibilita interessantes reflexões aos envolvidos com o ensino de linguagem, em especial aos interessados em produção textual no ensino médio. Trata-se do relato, e consequente análise, de uma experiência de ensino em dois colégios de Porto Alegre.

2 Ao recorrer às noções de competência discursiva, gênero textual e projeto didático, Baltar constrói uma experiência inovadora e diametralmente oposta à tradicional concepção de ensino de produção de texto, [1] motivo pelo qual revela-se de grande utilidade aos professores da educação básica (ensino fundamental e médio).

Possibilita, a esses profissionais da educação, uma paisagem bastante nítida das dificuldades e benefícios da implementação de formas inovadoras de ensino. Além disso, serve como um pano de fundo a partir do qual o professor poderá pensar a sua prática e inovações dentro do mesmo tipo de experiência.

3 Outro público leitor que poderá se beneficiar desse material são os pesquisadores do ensino de linguagem e da educação de modo geral, bem como os analistas do texto e do discurso. A experiência de ensino relatada traz retorno para a pesquisa em didática,

de modo geral, mostrando-se relevante especialmente aos estudiosos da pedagogia de projetos. Além disso, ao discutir as peculiaridades da emergência de um gênero textual no contexto escolar (o jornal de sala de aula), produz resultados relevantes para os estudos de texto e discurso.

O livro está organizado em duas partes. A primeira, contendo três capítulos, é O *percurso teórico*. O primeiro desses capítulos discute a noção de competência, concentrando-se principalmente nas proposições de Chomsky (1957), Hymes (1971) e Perrenoud (1999). É a partir da revisão histórica do desenvolvimento dessa noção que Baltar postula o seu conceito de competência discursiva. O segundo capítulo, sobre os gêneros textuais, traz uma exposição sobre classificações empreendidas no estudo desse fenômeno e a exposição da teoria de base do trabalho, a abordagem interacionista sociodiscursiva proposta por Jean Paul Bronckart (1985, 1999) e desenvolvida no Brasil, entre outros, por Anna Rachel Machado (1998, 2005). No terceiro capítulo, o autor faz uma síntese das teorias, noções e conceitos considerados no estudo. Procura, assim, contextualizar o leitor quanto ao modo como a experiência de ensino foi construída e, conjuntamente, apresentar os motivos dessa empreitada. A segunda parte do livro, com o título O *jornal de sala de aula*, é onde o autor expõe de fato a implementação e os resultados de sua pesquisa. No primeiro dos dois capítulos dessa parte, há o relato histórico de como a experiência de ensino foi realizada em duas escolas em momentos distintos. Nesse capítulo também o autor procura contextualizar o leitor quanto à função do jornal na escola, bem como quanto às experiências que têm sido desenvolvidas nesse sentido. No último capítulo, é realizado o relato do transcorrer da experiência bem como dos resultados alcançados.

5   Cabe acrescentar aqui também outros aspectos favoráveis em relação à organização do livro. O primeiro deles é a excelente e atual bibliografia considerada no estudo. O segundo é a incorporação, como anexo, de alguns dos jornais produzidos pelos alunos. Isso não só confere credibilidade e clareza ao estudo, como torna a leitura mais agradável. O terceiro aspecto relevante são as introduções de duas importantes pesquisadoras desse campo de estudos: Anna Rachel Machado (texto da orelha) e Angela Kleiman (prefácio).

6   Há poucos pontos no trabalho sobre os quais se possa levantar algum questionamento. Um deles diz respeito ao conceito de competência discursiva, que poderia ter sido explorado em maior profundidade seja em relação ao trabalho de Perrenoud (op. cit.) seja em relação ao de Bronckart (op. cit.). Cabe lembrar ainda que a noção de competência é controversa, pois a sua interpretação é variável de acordo com o observador. Não é difícil determinar a competência, quando se trata de um ensino profissionalizante, uma vez que ela é, de certo modo, estabelecida no próprio meio. Em termos da educação básica, contudo, essa noção pode variar bastante, pois é estabelecida em função das demandas futuras a que o aluno estará submetido. A determinação dessa demanda pode divergir consideravelmente entre os vários teóricos que venham a discutir o tema. Sendo controverso, seria aconselhável que o autor tivesse argumentado mais em favor de sua proposta.

7   Outro aspecto que, de certo modo, fragiliza o trabalho é o recurso que Baltar faz, no capítulo 2, ao artigo de Petitjean (1989). A classificação de gênero que esse autor propõe é pouco clara e não traz grande contribuição para as discussões teóricas postas no livro. Dado que a maioria dos estudiosos (incluindo Bronckart) defendem a ideia de que as tipologias de gênero são artificiais e infrutíferas, o trabalho ganharia mais caso o autor tivesse aproveitado esse espaço para aprofundar as relações do termo competência discursiva com o aporte teórico do interacionismo sociodiscursivo.

8   Quanto aos aspectos positivos, vários podem ser mencionados. Entre as qualidades da experiência realizada, é possível mencionar o fato de o pesquisador/educador ter conseguido implementar práticas que fogem bastante à artificialidade da produção escolar tradicional. Isso decorre, principalmente, de Baltar ter recorrido a (ou construído) um gênero que é ao mesmo tempo "suporte", o que permite a imediata circulação social dos textos produzidos.

9   É importante notar adicionalmente que o jornal produzido passa, de certa maneira, durante a experiência, de um caráter "escolarizado" para "escolar"[2]. Ao desenvolver-se desse modo, a experiência revela aspectos interessantes sobre o que constitui um gênero, e isso é bem explorado pelo autor, ao mostrar que as condições de produção escolares influíram sobremaneira na construção dos textos, levando esse jornal a se caracterizar, de fato, como "jornal de sala de aula".

Dois aspectos podem ser vistos como bastante relevantes no que tange à eficiência das práticas construídas em sala de aula. O primeiro deles é o próprio surgimento de gêneros jornalísticos escolares. Nas palavras de Baltar (p. 138):

> [...] a pesquisa estava apontando para o surgimento de gêneros textuais novos, que poderiam ser denominados de gêneros textuais jornalísticos escolares. Assim, a entrevista feita por Ricardo para a Gazeta poderia ser classificada como pertencente ao gênero entrevista escolar; a reportagem das alunas do Testemunha Ocular poderia ser classificada como pertencente ao gênero reportagem escolar. A notícia escrita por Igor seria classificada como notícia escolar.

O segundo aspecto importante neste sentido é o fato de os alunos terem se envolvido efetivamente na atividade, sendo que muitos deles conseguiram chegar a produções autênticas. Esse envolvimento é, provavelmente, o fator que garantiu a emergência dos gêneros como escolares e talvez seja o que melhor revela a eficiência do trabalho com um projeto desse porte. Tais alunos conseguiam visualizar um interlocutor e se preocupavam com isso, conforme se pode notar nesse trecho do livro (p. 139):

> Um ponto interessante do trabalho [...] foi a crítica voraz de alguns alunos, que se sentiram prejudicados pelo fato de a impressão de sua seção ter apresentado problemas de digitação. Os alunos, chamando a atenção para os problemas de textualização: ortografia, acentuação e até mesmo sintaxe, demonstravam seu interesse em preservar-se da pecha de escrever errado.

Em termos de uma reflexão sobre o ensino de produção textual, o relato dessa experiência leva a pensar pelo menos dois temas bastante.

relevantes. Primeiramente, é possível uma reflexão sobre quais são os gêneros mais e menos produtivos em um jornal de sala de aula. A entrevista e a reportagem, por exemplo, revelaram-se mais produtivos em relação à crônica que, conforme o autor (p. 131), foi pouco atrativa aos alunos. Outra reflexão importante é a de qual papel o professor pode assumir na condução da experiência, pois ele precisa decidir quais aspectos ficarão totalmente a cargo dos alunos e quais serão dados como incumbência. Em face de seus objetivos de ensino, precisa, portanto, solicitar que algumas seções específicas sejam incluídas no jornal e que alguns temas sejam considerados.

De modo geral, pode-se dizer que se trata de leitura não só prazerosa como de grande importância aos interessados em melhorar as práticas e, portanto, a qualidade do ensino no país.

Referências

BRONCKART, J. P. LE FONCTIONNEMENT DES DISCOURS: un modèle psychologique et une méthode d'analyse. Lausenne: Delachaux & Niestlé, 1985.

_____. ATIVIDADE DE LINGUAGEM, TEXTOS E DISCURSOS: por um interacionismo sociodiscursivo. Tradução de Anna Rachel Machado. São Paulo: Educ, 1999.

CHOMSKY, N. SYNTACTIC STRUCTURES. The Hague: Mouton, 1957.

HYMES, D. H. On communicative competence. In: PRIDE, J. B.; HOLMES, J. (Eds.). SOCIOLINGUISTICS. Harmondsworth: Penguin Books, 1971.

MACHADO, A. R. O DIÁRIO DE LEITURAS: a introdução de um novo instrumento na escola. São Paulo: Martins Fontes, 1998.

MACHADO, A. R. A perspectiva interacionista sociodiscursiva de Bronckart. In: MEURER, J. L.; BONINI, A.; MOTTA-ROTH, D. (Orgs.). GÊNEROS TEXTUAIS SOB PERSPECTIVAS DIVERSAS. São Paulo: Parábola, 2005. (no prelo)

PERRENOUD, P. CONSTRUIR AS COMPETÊNCIAS DESDE A ESCOLA. Porto Alegre: Artmed, 1999.

PETITJEAN, A. Les tipologies textuelles. PRATIQUES, n. 62, p. 86-125, 1989.

ROJO, R. Interação em sala de aula e gêneros escolares do discurso: um enfoque enunciativo. In: CONGRESSO NACIONAL DA ABRALIN, 2, Florianópolis, 1999. ANAIS... Florianópolis: ABRALIN; UFSC, 2000.

Recebido em 19/05/05. Aprovado em 28/06/05.

[1] Entende-se aqui por orientação tradicional do ensino de redação aquela que dá ênfase a aspectos formais da linguagem e emprega exercícios de treino e fixação, tendo por base uma postura prescritivista decorrente de uma visão positivista da ciência e do saber.

[2] Rojo (2000) postula que os gêneros ocorrem sob duas formas na escola: como "escolares", quando servem como instrumento de comunicação na instituição escolar, e como "escolarizados", quando são tomados como objetos de ensino.

FONTE: Bonini, 2005.

Embora todos os seis textos que você acabou de ler sejam considerados pertencentes ao gênero *resenha*, por vezes aparecem com diferentes denominações, como na Resenha 5, incluída em uma seção chamada de *notas sobre livros*, ou mesmo não recebem denominação alguma, sendo comumente identificados apenas pelo nome da seção em que se encontram publicados.

Para refletir V

Antes de definirmos o gênero, faça o seguinte:

1. Grife nas Resenhas 1, 2 e 5 expressões ou frases que indiquem as impressões pessoais dos autores das resenhas sobre os objetos resenhados.
2. Indique em quais parágrafos da Resenha 3 existe tão somente um resumo de sequências do filme resenhado.
3. Identifique a passagem na Resenha 4 que apresenta um comentário pessoal do resenhista acerca do filme resenhado.

Podemos perceber que o gênero *resenha* se define como o texto em que se apresentam, além do resumo do conteúdo do objeto resenhado (livro, filme, peça de teatro, artigo), comentários e avaliações a respeito desse objeto.

Como comentamos em relação aos resumos, também as resenhas podem assumir diferentes funções:

- As Resenhas 1 e 2, publicadas, respectivamente, em revista e em jornal, referem-se a livros, e as Resenhas 3 e 4, publicadas, respectivamente, em jornal e em revista, referem-se a filmes. Nos dois primeiros casos, as resenhas se prestam à divulgação dessas obras e ao incentivo ao seu consumo por parte do leitor dessas publicações. Nos outros dois casos, especialmente na Resenha 3, os textos servem mais ao registro público da crítica especializada das impressões positivas e/ou negativas que as obras causaram, podendo servir, eventualmente, como um elemento formador de opinião do leitor do jornal ou da revista.

- As Resenhas 5 e 6, publicadas em periódicos científicos da área de estudos linguísticos, referem-se a livros técnicos e prestam-se, de um lado, ao registro das impressões positivas e/ou negativas que as obras causaram a outros estudiosos da mesma área, colocando-se, assim, como uma resposta, constituída no diálogo estabelecido entre os membros de uma comunidade científica, ao pensamento expresso pelos autores dessas obras. De outro, funcionam como meio de guiar e orientar a leitura dos demais pesquisadores da área, que precisam atualizar-se e podem usar as resenhas como meio de decidir-se pela leitura ou não de um determinado livro. É importante ressaltar que resenhas como essas se assemelham às resenhas solicitadas com frequência na escola e na faculdade pelo professor, que, com esses textos, busca verificar se o aluno entendeu a obra lida e se este consegue posicionar-se criticamente em relação às ideias ali encontradas. Vamos denominar as resenhas desse segundo grupo de *resenhas escolares/acadêmicas*, objeto de nosso estudo nesta seção.

Cabe ressaltar ainda que as resenhas publicadas em revistas acadêmicas são feitas por especialistas para outros especialistas em uma mesma área. Trata-se, assim, de textos que visam à comunicação entre os membros de uma comunidade científica, entre os quais o resenhista procura manter a atitude de respeito mútuo e, ao mesmo tempo, demonstrar sua competência e sua responsabilidade como pesquisador.

> ## Para refletir VI
>
> Retomando a análise dos gêneros enfocados no terceiro capítulo, identifique os elementos indicados a seguir em relação à Resenha 6.
> a. Tema.
> b. Contexto de produção:
> - interlocutores;
> - momento de produção e lugar em que o texto circula.
>
> c. Objetivos.
> d. Nível de linguagem.
> e. Estrutura da resenha.

Fases de produção da resenha

Como observamos ao tratar do resumo, nosso objetivo não é apresentar um modelo de texto, mas, sim, algumas orientações que possam facilitar seu trabalho ao deparar-se com a necessidade de produzir uma resenha, gênero frequentemente solicitado no meio acadêmico.

Leitura e compreensão da obra a ser resenhada

Uma vez que a resenha é um texto que se constrói a partir de outro, como no resumo, é necessário ter uma boa compreensão da obra a ser resenhada. Considere então as seguintes observações:

- Procure se informar a respeito de alguns dados biográficos do autor do livro que será resenhado, como área de atuação e outras obras publicadas (se for o caso).
- É importante fazer ao menos duas leituras da obra. Nesse percurso, grife no próprio texto o que você julga mais relevante ou faça anotações em outro lugar acerca do que você considera representativo em relação ao pensamento central do autor da obra, bem como de suas impressões e críticas às ideias por ele expressas. Faça isso, de preferência, considerando a divisão por partes ou capítulos encontrados no livro. Essas são apenas sugestões. Cada um desenvolve um modo próprio de ler e de organizar para si mesmo as informações, as ideias e as opiniões que vai reunindo com base em suas leituras.
- Não se esqueça de que os seus apontamentos devem ajudá-lo também a recuperar, na resenha, as relações entre as principais ideias apresentadas no texto resenhado.

Estrutura e organização da resenha

Agora, vamos analisar como se estrutura uma resenha escolar/acadêmica. Nossa intenção não é mostrar um modelo, mas antes considerar uma forma, entre outras, de estruturar esse gênero. Isso porque é fundamental que você entenda que os gêneros textuais, pela sua flexibilidade, não obedecem a modelos rígidos. No caso específico da resenha, podemos afirmar que ela pode assumir diferentes configurações em conformidade com o conteúdo e a forma da obra analisada, com a qual está em relação direta.

Assim, sempre que nos deparamos com a necessidade de analisar ou escrever um texto de determinado gênero, não podemos esquecer que os gêneros possuem a característica de se adaptar às necessidades dos seus usuários, em diferentes situações de produção. Em geral, segue-se com frequência um determinado padrão de composição da resenha escolar/acadêmica porque se consideram as funções atribuídas a esse gênero. Então, no caso de uma resenha a ser publicada em uma revista científica, ela deve servir para divulgar a avaliação de uma obra feita por um especialista na área e também para recomendar ou não a sua leitura. No caso de uma resenha escolar, deve servir para que o aluno demonstre que compreendeu o que leu e que sabe avaliar o conteúdo dessa leitura. É por essas razões que a resenha, em um ou em outro caso, deve ser um texto não muito longo, em que o leitor possa identificar com facilidade as opiniões do resenhista acerca das partes e/ou capítulos do livro. A avaliação da obra, tanto positiva quanto negativa, deve ser fundamentada em argumentos consistentes, os quais devem seguir um princípio de organização.

Vamos tomar como exemplo a Resenha 6, cuja análise você também ajudará a fazer.

a. **1º, 2º e 3º parágrafos**: Contextualização da obra resenhada, apresentação do tema, abordagem utilizada e definição do público leitor.

b. 4º parágrafo: Apresentação da estrutura do livro, do conteúdo de cada capítulo das duas partes da obra e dos objetivos do autor com esse modo de organização da obra.

c. 5º parágrafo: Avaliação positiva em relação à organização da obra (menção à bibliografia utilizada, presença de um anexo e de textos de duas pesquisadoras consagradas).

d. 6º parágrafo: Avaliação negativa em relação ao conteúdo da obra (profundidade na definição de um conceito que causa controvérsias na área).

e. 7º parágrafo: Avaliação negativa em relação ao conteúdo da obra (recorrência à teoria de um autor).

f. 8º, 9º, 10º e 11º parágrafos: Avaliação positiva em relação ao conteúdo da obra (qualidade da experiência realizada).

g. 12º parágrafo: Avaliação positiva em relação aos benefícios trazidos ao ensino de produção textual pela obra.

h. 13º parágrafo: Recomendação da obra.

O modo como o autor dessa resenha, Adair Bonini, organizou seu texto é apenas uma das formas de compor uma resenha escolar/acadêmica. O importante é atentar para a presença tanto de passagens descritivas quanto de passagens avaliativas, nas quais aparece a crítica do resenhista. Observe que ele optou por separar os comentários a respeito da organização da obra dos relacionados ao conteúdo. Encontramos também, com frequência, resenhas em que o autor aponta somente aspectos positivos do livro ou, ao contrário, e mais raramente, apenas elementos negativos.

Quanto ao teor crítico da resenha, é preciso ter em mente que, embora deixe transparecer a subjetividade do autor, ele não pode esquecer que sua avaliação se dirige à obra, e não à pessoa do autor, e que em seu texto deve prevalecer o tom objetivo, e não o emocional. Nesse sentido, repare que, ao dar seu parecer negativo em relação a alguns aspectos da obra, Bonini mantém a polidez com que se pronunciou nas demais passagens de seu texto. Assim, observe, por exemplo, que ele introduz a crítica negativa de forma a atenuá-la: "Há poucos pontos no trabalho sobre os quais se possa levantar algum questionamento". Ele se utiliza, ainda, de formas verbais no futuro do pretérito, tempo usado quando queremos obter o tom de cortesia. Outras expressões, como "aconselhável", "de certo modo" e "fragiliza", amenizam também o teor negativo e afastam qualquer impressão de autoritarismo ou agressividade. A menção do autor a teorias e autores, citados inclusive nas referências bibliográficas, também contribui para a objetividade e a consistência da avaliação.

Com base em Carvalho (2005) e Machado, Lousada e Abreu-Tardelli (2008), podemos apontar as principais informações comumente encontradas em uma resenha escolar/acadêmica:

a. apresentação e contextualização da obra;
b. definição do tema e dos objetivos da obra e avaliação inicial;
c. descrição resumida da organização geral e da estrutura da obra (partes e capítulos);
d. indicação da abordagem utilizada pelo autor da obra resenhada;
e. exposição dos comentários positivos e negativos da obra;
f. recomendação ou não da obra.

Lembramos mais uma vez que essa sequência não se constitui no único modo de compor e organizar uma resenha escolar/acadêmica, podendo servir-lhe apenas como referência inicial. Com a prática constante de leitura e produção textual, você certamente pode encontrar variadas possibilidades de elaboração desse e de outros gêneros, usando sempre mais criativamente os recursos que a língua nos disponibiliza.

Síntese

Neste capítulo, enfocamos o resumo e a resenha, dois gêneros que têm grande circulação no meio acadêmico. Em ambos os casos, procuramos partir da busca por uma definição dos gêneros em questão, com base na caracterização das esferas de atividade em que eles se inserem. Em seguida, examinamos as funções sociocomunicativas que esses gêneros desempenham e propomos algumas orientações que possam auxiliá-lo na tarefa de produção do resumo e da resenha.

Atividades de autoavaliação

1. Quanto ao gênero *resumo*, indique se as afirmativas a seguir são verdadeiras (V) ou falsas (F):
( ) O resumo pode ser definido como o texto em que se apresenta a síntese das ideias encontradas em outro texto.
( ) Há um único tipo de resumo.
( ) A configuração de um resumo depende, principalmente, do propósito que se pretende alcançar.

(   ) É comum encontrarmos resumos na composição de outros gêneros textuais, como o artigo científico, a dissertação e a tese.

Assinale a alternativa que corresponde à sequência que você obteve:
a. V, F, V, V
b. V, V, V, V
c. F, V, F, F
d. F, F, V, V

2. Indique se as alternativas que completam o enunciado a seguir são verdadeiras (V) ou falsas (F):

Para produzir um resumo escolar/acadêmico, é necessário:
(   ) fazer uma ou mais leituras do texto a ser resumido.
(   ) procurar identificar as principais ideias presentes no texto original.
(   ) atentar para as relações estabelecidas entre as ideias presentes no texto original.
(   ) copiar os trechos mais importantes do texto a ser resumido.

Assinale a alternativa que corresponde à sequência que você obteve:
a. V, V, F, F
b. V, F, V, V
c. F, F, F, V
d. V, V, V, F

3. Quanto ao gênero *resenha*, indique se as afirmativas a seguir são verdadeiras (V) ou falsas (F):

( ) Resenha e resumo são gêneros cujas fronteiras às vezes não são rigorosamente delimitadas.

( ) A resenha sempre implica a exposição de uma avaliação do objeto resenhado.

( ) Na elaboração da resenha, não interessa o que o seu autor pensa sobre o objeto resenhado.

( ) Existe um único tipo de resenha, independente do propósito que seu autor pretenda atingir com ela.

Assinale a alternativa correta que corresponde à sequência que você obteve:

a. V, V, F, F
b. V, V, F, V
c. F, F, V, V
d. F, V, F, V

4. Indique se as alternativas que completam o enunciado a seguir são verdadeiras (V) ou falsas (F):

Para produzir uma resenha escolar/acadêmica, é necessário:

( ) resumir o conteúdo do objeto a ser resenhado e apresentar uma avaliação desse objeto.

( ) apresentar apenas uma boa avaliação do objeto a ser resenhado.

( ) fazer uma análise criteriosa do conteúdo do objeto a ser resenhado.

( ) fazer alguns comentários negativos a respeito do conteúdo do objeto a ser resenhado.

Assinale a alternativa que corresponde à sequência que você obteve:

a. V, F, V, F
b. F, F, V, V
c. V, F, F, F
d. F, V, F, F

5. Assinale a alternativa correta no que se refere ao gênero *resenha*:

a. Encontramos resenhas apenas nos veículos midiáticos.
b. Não há diferença entre a resenha de um filme, publicada em um jornal, e a resenha de um livro, publicada em uma revista acadêmica.
c. Em resenhas de livro publicadas em revistas acadêmicas, o autor deve fundamentar sua avaliação sobre o conteúdo do objeto resenhado com argumentos consistentes.
d. Uma resenha publicada em uma revista científica só serve para recomendar a leitura de uma obra.

Atividades de aprendizagem

Questões para reflexão

1. Procure se lembrar dos resumos que você teve de produzir até hoje. Relembre também as orientações que você recebeu para a sua produção e compare-as com o que comentamos neste capítulo. Avalie então que aspectos você acrescentou ao conhecimento acumulado até agora sobre esse gênero textual.

2. Procure identificar em algum jornal ou revista de sua preferência uma seção dedicada à publicação de resenhas sobre filmes e reflita: a avaliação exposta sobre os filmes resenhados nesses textos realmente atinge os leitores dessas publicações no sentido de exercerem influência sobre a opção que estes fazem por ir ou não ao cinema para assistir a esses filmes?

Atividade aplicada: prática

1. Considerando as orientações que apresentamos ao longo da seção 4.2, produza uma resenha do artigo de Cristovão Tezza (*Dom ou técnica?*), do qual você já fez um resumo. Lembre-se de que, para a produção de uma resenha, você deve fazer uma leitura acurada do texto a ser resenhado, observando as ideias centrais, a organização e os pontos positivos e negativos deste.

{

um das variações à uniformidade
dois o texto escrito
três os gêneros textuais
quatro resumo e resenha
cinco relatório e artigo
seis reescrevendo o próprio texto

{

❰ NESTE CAPÍTULO, VAMOS pensar o processo de produção de dois gêneros textuais inerentes à atividade acadêmica: o relatório e o artigo científico. Como fizemos com o resumo e a resenha, no capítulo anterior, partiremos da caracterização da esfera de atividade em que esses textos se inserem, das funções sociocomunicativas que desempenham nessa esfera e do consequente trabalho dos sujeitos com e sobre a linguagem em seu processo de produção. Abordaremos primeiramente o relatório e, na sequência, o artigo científico.

cincopontoum
Relatório

De acordo com o *Dicionário Michaelis* (2009), relatório é a

> 1. *Exposição, relação, ordinariamente por escrito, sobre a sequência de um acontecimento qualquer.* 2. *Descrição minuciosa e circunstanciada dos fatos ocorridos na gerência de administração pública ou de sociedade.* 3. *Exposição por escrito sobre as circunstâncias em que está redigido um documento ou projeto, acompanhado dos argumentos que militam a favor ou contra a sua adoção.* 4. *Parecer ou exposição dos fundamentos de um voto ou apreciação.* 5. *Exposição sumária, que o juiz faz, das circunstâncias de uma causa, aos jurados.* 6. *Qualquer exposição pormenorizada de circunstâncias, fatos ou objetos.*

De acordo com o *Dicionário Houaiss* (2001), relatório são as

> 1. *Conclusões às quais chegaram os membros de uma comissão (ou uma pessoa) encarregada de efetuar uma pesquisa, ou de estudar um problema particular ou um projeto qualquer.* 2. *Exposição pela qual uma pessoa apresenta o essencial de sua própria atividade ou de um grupo ao qual pertence.* 4. JUR. *parte de decisão judicial em que se expõem os fatos e questões debatidos no processo;* 5. JUR. *narrativa elaborada pela autoridade policial após o fim do inquérito policial, contendo as investigações feitas para a averiguação dos indícios de autoria e da existência do fato criminoso, que servirão posteriormente de base ao oferecimento de ação penal.*

Ambos os dicionários trazem definições bastante amplas do que seja relatório. Essa ausência de precisão do termo é consequência da pluralidade de situações sociocomunicativas em que se produzem enunciados que recebem tal denominação. Ao contrário de outros gêneros mais facilmente reconhecidos pelas funções sociocomunicativas que desempenham e pelos aspectos formais que assumem, como é o caso das resenhas, os relatórios são mais flexíveis e, por isso, mais difíceis de serem definidos. Para começarmos a entender o que é um relatório, vamos pensar em algumas situações de cotidiano, nos ambientes familiares, escolares e profissionais.

Na família, quando os filhos pequenos começam a frequentar a escola, é comum o pai e a mãe perguntarem como passaram o dia: se gostaram da aula, se a professora é legal, se aprenderam alguma coisa, se brincaram, se fizeram alguma atividade diferente, se fizeram lanche, o que havia para o lanche... O objetivo evidente das perguntas dos pais é acompanhar e avaliar o processo de educação escolar em que os filhos estão inseridos. Nem sempre, entretanto, as crianças prestam as informações esperadas pelos pais. Às vezes respondem de forma lacônica e chegam mesmo a recusar-se a responder. À medida que crescem, passam a elaborar esses "relatórios" mais criteriosamente, selecionando as informações que levam aos pais, dizendo algumas coisas e escondendo outras.

Durante as primeiras séries escolares, são solicitadas aos alunos produções de algumas formas clássicas de relatórios. A professora pergunta como foram as férias, e os alunos relatam algumas aventuras, vividas ou inventadas, de acordo com o que consideram mais importante na construção de suas autoimagens diante da professora. A professora pede para fazerem um relatório do livro que leram, e os alunos, por sua vez, escrevem as informações do texto que possam provar à professora que efetivamente leram. A professora pede para fazerem um relatório do passeio pedagógico realizado pela turma, e os alunos relatam em seus textos os momentos que acreditam serem mais valorizados pela professora, procurando provar que estavam atentos e que aprenderam coisas interessantes.

Quando começamos a trabalhar, é comum termos de dar satisfações a nossas chefias sobre o andamento das atividades que são de nossa responsabilidade: "Terminou o serviço? Deu tudo certo?". Essas são perguntas que exigem respostas que vão desde um simples gesto de afirmação com a cabeça até o detalhamento escrito com explicações de todo o processo de desenvolvimento do trabalho realizado. A complexidade desse tipo de relatório depende da atividade laboral em que ele está sendo exigido e das perguntas a que o relator deve responder. Nas empresas, os relatórios contábeis, os relatórios de produtividade e de vendas, por exemplo, trazem informações relevantes aos diretores responsáveis pelas tomadas de decisão nas últimas instâncias. Da mesma forma, o relatório de leitura que a criança faz durante as primeiras séries escolares deve trazer informações suficientes para a professora saber se a criança leu o livro solicitado e perceber qual foi seu nível de compreensão.

Para refletir I

Vamos pensar em um relatório de viagem. Os viajantes, quando retornam, costumeiramente relatam o que fizeram, o que viram, o que vivenciaram durante suas aventuras. O mapa a seguir retrata alguns pontos de passagem da trajetória realizada por Pedro Álvares Cabral em sua expedição de 1500. Relate, com base nessa indicação, qual foi o itinerário de sua expedição. A única pergunta a que você deverá responder em seu relatório é: "Por onde a expedição passou?". O texto pode iniciar da seguinte maneira:

Após deixar Lisboa, os navios seguiram para...

Viagem de Pedro Álvares Cabral (1500)

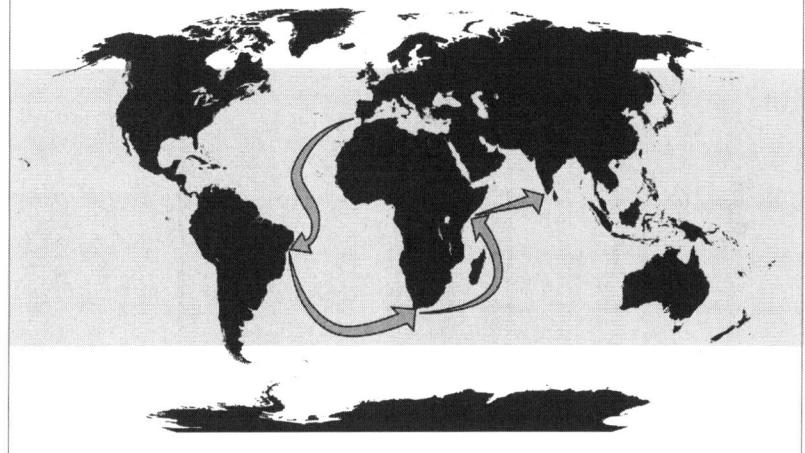

FONTE: Adaptado de Campos; Dolhnikoff, 1997, p. 5.
ILUSTRAÇÃO: Renan Itsuo Moriya.

O exercício anterior se presta apenas à percepção da estrutura básica de constituição de um relatório, respondendo à pergunta: "Onde você esteve?". Parece óbvio que, se o comandante Cabral enviasse um relatório como esse ao rei de Portugal, perderia o posto. O rei, ao investir no financiamento da expedição, certamente desejaria estar informado sobre as datas em que estiveram em cada lugar, sobre aquilo que viram e, acima de tudo, sobre eventuais ganhos e perdas. Como todo texto que produzimos, o relatório também é construído no diálogo que mantemos com o leitor.

Aproveitando esse exemplo, podemos comparar o autor de um relatório com o viajante contador de histórias, aquele que se senta e conta ao público ouvinte por onde andou e o que viu em suas jornadas. Também podemos compará-lo ao artesão, aquele que domina um ofício e conta aos aprendizes as técnicas utilizadas na construção de um artefato. Esses dois exemplos evidenciam que o relatório é construído pelo uso das formas composicionais da narração (ordenação de acontecimentos no tempo) e da descrição (detalhamento de características daquilo que é observado). Leia a seguir o início da *Carta a el-rei dom Manuel sobre o achamento do Brasil*, escrita por Pero Vaz de Caminha:

> Senhor, posto que o Capitão-mor desta Vossa frota, e assim os outros capitães escrevam a Vossa Alteza a notícia do achamento desta Vossa terra nova, que se agora nesta navegação achou, não deixarei de também dar disso minha conta a Vossa Alteza, assim como eu melhor puder, ainda que – para o bem contar e falar – o saiba pior que todos fazer! [...] E portanto, Senhor, do que hei de falar começo:
>
> E digo quê:
>
> A partida de Belém foi – como Vossa Alteza sabe, segunda-feira 9 de março. E sábado, 14 do dito mês, entre as 8 e 9 horas, nos achamos entre as Canárias, mais perto da Grande Canária. E ali andamos todo aquele dia em calma, à vista delas, obra de três a quatro léguas. E domingo, 22 do dito mês, às dez horas mais ou menos, houvemos vista das ilhas de Cabo Verde, a saber da ilha de São Nicolau, segundo o dito de Pero Escolar, piloto.

FONTE: Caminha, 1974.

Nesse exemplo, por meio da narrativa, são apresentadas informações precisas acerca de quando e onde ocorreram os fatos, marcadas por expressões adverbiais de tempo (horas e datas) e de lugar (espaço geográfico). Ao lado das informações sobre o tempo e o lugar, também são apresentadas informações sobre o modo como as ações se desenvolveram: "E ali andamos todo aquele dia em calma".

Se continuarmos lendo o relato de Caminha, encontraremos várias passagens em que ele descreve suas percepções do que foi encontrado pela expedição:

> Ali veríeis galantes, pintados de preto e vermelho, e quartejados, assim pelos corpos como pelas pernas, que, certo, assim pareciam bem. Também andavam entre eles quatro ou cinco mulheres, novas, que assim nuas, não pareciam mal. Entre elas andava uma, com uma coxa, do joelho até o quadril e a nádega, toda tingida daquela tintura preta; e todo o resto da sua cor natural. Outra trazia ambos os joelhos com as curvas assim tintas, e também os colos dos pés; e suas vergonhas tão nuas, e com tanta inocência assim descobertas, que não havia nisso desvergonha nenhuma. Todos andam rapados até por cima das orelhas; assim mesmo de sobrancelhas e pestanas. Trazem todos as testas, de fonte a fonte, tintas de tintura preta, que parece uma fita preta da largura de dois dedos. Mostraram-lhes um papagaio pardo que o Capitão traz consigo; tomaram-no logo na mão e acenaram para a terra, como se os houvesse ali. Mostraram-lhes um carneiro; não fizeram caso dele. Mostraram-lhes uma galinha; quase tiveram medo dela, e não lhe queriam pôr a mão.

> Depois lhe pegaram, mas como espantados. Deram-lhes ali de comer: pão e peixe cozido, confeitos, fartéis, mel, figos passados. Não quiseram comer daquilo quase nada; e se provavam alguma coisa, logo a lançavam fora. Trouxeram-lhes vinho em uma taça; mal lhe puseram a boca; não gostaram dele nada, nem quiseram mais. Trouxeram-lhes água em uma albarrada, provaram cada um o seu bochecho, mas não beberam; apenas lavaram as bocas e lançaram-na fora. Viu um deles umas contas de rosário, brancas; fez sinal que lhas dessem, e folgou muito com elas, e lançou-as ao pescoço; e depois tirou-as e meteu-as em volta do braço, e acenava para a terra e novamente para as contas e para o colar do Capitão, como se dariam ouro por aquilo.

FONTE: Caminha, 1974.

A descrição de Caminha, enfatizando o estranhamento diante do povo desconhecido, procura revelar impressões iniciais das características desse povo, sem pretender sistematizá-las ou explicá-las. São relatados alguns de seus aspectos físicos e algumas de suas ações que não condizem com os padrões comportamentais dos portugueses, o que provoca espanto e curiosidade. É a descrição do exótico, de um "outro" cujas diferenças abalam nossas formas cristalizadas de compreensão do que seja a espécie humana, mas também nos ajudam a começar a entender esse "outro".

Para refletir II

Embora o último texto demonstre o espanto que os portugueses tiveram ao se depararem com os habitantes da terra que viria a chamar-se *Brasil*, muitas sensações, pensamentos e ações não são descritos. O medo, a desconfiança, as incertezas, a fome, a sede, a atração e a repulsão física são sensações individuais que talvez, no cálculo de Caminha, não interessariam ao rei.

Vamos pensar em outro tipo de relatório, mais presente nas atividades de ensino e de pesquisa científica, especialmente as pesquisas etnográficas. Esse tipo de pesquisa consiste no ingresso do pesquisador em um grupo cultural específico, quase sempre diferente do seu. O objetivo do pesquisador é captar os significados pela perspectiva dos integrantes desse grupo, ou seja, interessa saber como esses "outros" compreendem aspectos da realidade.

Antes de seu ingresso nesse grupo, o pesquisador já deve ter algumas perguntas previamente formuladas a respeito do que pretende saber. Entretanto, ao chegar ao local de investigação, muitas coisas aparentemente insignificantes podem ser relevantes se bem analisadas. Por isso, é importante anotar tudo o que for vivenciado por meio de um diário de pesquisa, documento em que o pesquisador relata o que viu, o que sentiu e o que pensou durante seus encontros com esses outros. A releitura desses relatos pode auxiliá-lo a compreender melhor a complexidade do sistema cultural em que está inserido.

Esse tipo de pesquisa tem se tornado muito comum no ambiente educacional. O professor, ao entrar em uma turma, procura interagir com os alunos para tentar compreender significados culturais do ponto de vista dos alunos, seus valores, suas ações e suas formas de organização. Com base nessa compreensão, o trabalho pedagógico pode se tornar mais eficiente. Como se trata de um processo de tomada de conhecimento, o professor não pode saber previamente o que deve observar. Deve estar atento a tudo, sem preconceitos, fazendo anotações em seu "diário", o qual poderá dar origem a um relatório em que descreve o que percebeu da turma, podendo, por meio da reflexão sobre as observações, romper com o conhecimento naturalizado.

Como exercício, você vai pensar em seu contexto de trabalho, seja ele qual for. Vai observar os aspectos físicos do ambiente, como as coisas estão dispostas e como funcionam. Vai observar como as pessoas nesse contexto agem, como trabalham, como falam, como se vestem, como descansam, como resolvem problemas, enfim, tudo que julgar relevante. Ao final do dia de trabalho, você irá escrever, em forma de diário, o que observou. Ao cabo de uma semana, considerando suas anotações feitas no diário, você irá escrever um relatório apontando os problemas de relacionamento vividos entre as pessoas que trabalham nesse ambiente. Aponte também as causas desses problemas. É um trabalho de observação, de reflexão e de conclusões em que você deverá contar com sua intuição. Muitas das anotações poderão ser descartadas por não revelarem nada de significativo, mas algumas delas, inicialmente consideradas fúteis, podem revelar significados determinantes nas relações interpessoais vivenciadas.

cincopontodois
Relatório técnico

Vistas as características gerais dos textos que entendemos como *relatório*, vamos considerar um tipo específico desse gênero: o relatório técnico. Apresentamos, a seguir, um relatório assinado por um órgão de assistência social vinculado ao Poder Judiciário do Estado do Paraná*:

Relatório técnico 001\2000

I. IDENTIFICAÇÃO
NOME: DIEGO BASTOS
FILIAÇÃO: Pai: Celso Rogério Bastos
Mãe: Maria dos Santos
DATA DE NASCIMENTO: 05.10.1991   IDADE: 16 anos
NACIONALIDADE: Brasileira
NATURALIDADE: Curitiba – PR
DOCUMENTO: CN: Termo 82000 – Lv: A-01 – Fls:323 – Cartório do Xingu
ENDEREÇO: Rua Aberlardo José, 125 – Xingu
CIDADE: Curitiba – PR.
RESPONSÁVEL: a mãe

---

* Trata-se de uma peça baseada em um processo judicial contra um menor infrator. As informações que pudessem identificar os sujeitos envolvidos no processo foram alteradas.

II. ENCAMINHAMENTO

DATA DA ENTRADA: 18.01.2008
OFÍCIO N° 000/08
COMARCA DE ORIGEM: Curitiba – PR
AUTOS 000\2008-A
MOTIVO DA APRESENTAÇÃO: ROUBO

III. RELATÓRIO TÉCNICO

Este Centro de Socioeducação recebeu o adolescente DIEGO BASTOS, acima qualificado, para cumprir a decretação de Internação Provisória, por cometimento de ato infracional tipificado como roubo.

A representação do Promotor de Justiça diz:

"Consta dos autos em referência, que no dia 19 de novembro de 2007, por volta das 18h30min, na Rua Maestro Osvaldo Chagas, 1255, no Bairro Xingu, nesta cidade e comarca, o ora representado DIEGO, coadjuvado pelo imputável João Ricardo Silva Pereira (preso), previamente ajustados, um querendo contribuir na conduta delituosa do outro, com inequívoco 'animus de assenhoreamento definitivo', mediante grave ameaça, patrocinada pelo uso de uma arma de fogo (não apreendida), adentraram na lan house 'Nitro Lan', localizada no endereço acima, e deram voz de assalto a vítima Valdineia Maria da Silva, proprietária do estabelecimento, ameaçando-a com um revólver, bem como sua sobrinha que ali estava naquele momento, subtraindo para si a quantia de R$ 520,00 (quinhentos e vinte reais) e um monitor, não recuperados, conforme termo de declaração de fls. 14 e 15".

Diego assume sua participação no ilícito e acrescenta que foi coadjuvante de seu conhecido João Ricardo, pois este usou a arma, deu voz de assalto e comandou a infração. Combinaram em dividir os "frutos" do ato, mas o imputável foi apreendido antes que tal se concretizasse. Ainda, o adolescente afirma que a proprietária da lan house tinha sido sua vizinha e houve reconhecimento recíproco durante o ato, o que o deixou transtornado.

Pesquisas aos arquivos deste Ciaadi indicam que o adolescente em questão não conta com passagem anterior por este Centro Integrado. Diego é estudante da 1ª série, do ensino médio, trabalha como auxiliar de gráfico, sem registro e seu único vício é o tabaco.

Da entrevista com a Sra. Maria dos Santos, genitora do adolescente em tela, pode-se depreender que ela e Celso Rogério Bastos foram casados e dessa relação há os filhos Tiago, 19 anos e solteiro e Diego; que de Diego foi registrado apenas no nome do pai, por irresponsabilidade paterna, pois na época conviviam sob o mesmo teto; que acha-se em trâmite processo para inclusão do nome da mãe no registro civil de Diego; que a casa em que residem é própria; que a manutenção da casa cabe à Sra. Maria, graças à pensão que recebe pelo falecimento de seu marido e de seus serviços de costureira, pois trabalha em casa e na empresa Decoret; que Diego atualmente goza de boa saúde, porém até seus 12 anos apresentou problemas pulmonares graves; que as relações familiares são associativas e os vínculos acham-se plenamente preservados.

Nos atendimentos prestados junto ao adolescente Diego, ele tem se apresentado de maneira cortês, sabendo o momento de ouvir e de falar, respondendo adequadamente todas as questões sobre o ato que determinou sua internação, bem como sobre si e seus familiares. Acerca do ilícito, ele afirma que efetivamente foi um ato planejado, mas declara que se tivesse raciocinado melhor não teria cometido. No exercício letivo de 2007 desistiu de frequentar o processo escolar, embora já esteja cursando o ensino médio. Sua atividade laboral é trabalhar numa gráfica de "fundo de quintal", local a que pretende retornar. Externa que seu único vício é o tabaco.

Diego tem sido convidado a refletir sobre a construção de um projeto de vida e, com base neste tema, mostra-se interessado e aberto para introduzi-lo em seus pensamentos.

1) INFORME PEDAGÓGICO

A. Situação Escolar antes da Internação: O adolescente informou que estudou até a Primeira Série do Ensino Médio, no Colégio Estadual Matilde do Amaral, nesta Capital, no exercício letivo de 2007, tendo desistido motivado pelas notas baixas. Declara que vai retomar seus estudos.

B. Situação Escolar no Cense: Considerando o período de férias escolares, o adolescente tem participado, costumeiramente, das atividades pedagógicas, recreativas, desportivas e culturais promovidas por este Centro. Sua participação é ativa e demonstra interesse em aprender e produzir. Mantém relações interpessoais associativas, tanto com instrutores como com internos.

2) INFORME DISCIPLINAR

Observações realizadas no cotidiano do adolescente, nesta Internação Provisória, indicam que ele é calmo, tranquilo e respeitoso. Não apresenta problemas de relacionamento com os outros adolescentes; nem tão pouco, apresenta resistência ao cumprimento da disciplina da Unidade.

IV. CONCLUSÃO

Considerando os trabalhos realizados junto ao adolescente DIEGO BASTOS, pode-se concluir que se trata de uma pessoa com razoável estrutura familiar, órfão de pai, boa formação escolar (Primeira série do Ensino Médio), trabalha sem vínculos empregatícios e não é usuário de drogas ilícitas.

Em que pesem suas boas qualidades, o adolescente participou do ilícito, o que demonstra necessidade de avaliação de sua conduta, razão pela qual sugere-se que ele seja inserido na medida socioeducativa de LIBERDADE ASSISTIDA, como suporte para sua formação pessoal e futuro profissional, pois em termos de atividade ocupacional, retomará seus trabalhos como auxiliar gráfico.

Curitiba, 15 de fevereiro de 2008.
Edson Mauá
Técnico em Medidas Socioeducativas – MEC\LP 0000
Rosangela da Silva
Profissional de Nível Superior – MED O|E 0000

Miguel Assobrado
Educador Social

Como já afirmamos, a elaboração de qualquer relatório obedece a exigências típicas da atividade em que o relator está envolvido. Diante disso, é fundamental reconhecer o interlocutor a quem o relatório se destina, saber qual é o papel que cumpre nessa atividade e quais são suas possíveis expectativas quanto às informações que devem ser prestadas. Além disso, em nome da aceitabilidade, o relatório não pode destoar muito dos modelos em voga no âmbito dessa atividade. Vejamos.

O relatório reproduzido anteriormente se insere no âmbito da atividade jurídica, estritamente no setor de proteção à infância e à juventude. Existe no Brasil uma lei que dispõe sobre os direitos das crianças e dos adolescentes*, disciplinando, entre outros aspectos, sobre os procedimentos que devem ser tomados pelo aparelho judicial para o atendimento de crianças e adolescentes que cometam atos infracionais.

Embora esses procedimentos possam variar de cidade para cidade em razão de infraestruturas operacionais, em Curitiba, onde ocorreu o episódio relatado, a norma é que o adolescente infrator seja apreendido pela força policial e encaminhado à delegacia especializada. A autoridade policial lavra o auto de apreensão em flagrante de ato infracional, o qual é encaminhado ao promotor de justiça (Ministério Público) juntamente com o adolescente. O promotor ouve o adolescente informalmente. Se entender necessário, representa pela internação provisória por 45 dias e oferece representação**, a qual é encaminhada ao juízo. Durante esses 45 dias em que o adolescente permanece internado, ele é avaliado por uma equipe socioeducativa incumbida de emitir um relatório técnico que servirá para o juízo estabelecer a medida a ser adotada de forma definitiva.

O texto que estamos analisando é exemplo de um desses relatórios técnicos. O autor é a equipe socioeducativa. O interlocutor a quem

---

* Lei nº 8.069, de 13 de julho de 1990 – Estatuto da Criança e do Adolescente. Disponível em: <http://www.planalto.gov.br/ccivil/LEIS/L8069.htm>.
** Chama-se *representação* a ação penal movida contra o adolescente.

o texto se direciona são o juiz e o promotor que atuam no caso. O tema em foco é o perfil do adolescente infrator. A pergunta fundamental que deve ser respondida é: o jovem pode ser liberado e cumprir uma medida socioeducativa em liberdade assistida ou deve continuar detido no educandário?

Para responder a essa questão, são necessárias informações sobre as condições socioeconômicas e sobre o comportamento sociopsicológico do jovem. Observe que todas as informações prestadas no relatório situam-se no âmbito dessas duas questões. Para obedecer aos critérios de informatividade textual, a equipe de assistência social apresenta apenas dados relevantes para a tomada de decisão judicial. Sabemos que a atividade jurídica no Brasil é intensa e exige agilidade. Informações em excesso, e muitas vezes inúteis para o propósito a que visam, podem provocar morosidade.

A partir desse contexto de interlocução, vamos voltar nossa atenção para aspectos da estrutura interna do texto.

Observe que o documento é identificado por um número no alto da página. Essa identificação facilita a circulação do texto entre as pessoas que estão envolvidas na atividade. No item II, "Encaminhamento", são apresentadas mais informações com esse fim: data de entrada do menor, número do ofício de encaminhamento, comarca de origem do documento, número do auto de representação e motivo da representação.

Logo abaixo, no item I, são apresentados os dados de identificação do menor infrator. Nome, filiação, idade, endereço, responsável e certidão de nascimento são dados essenciais para o conhecimento daquele de quem está se falando, pois individualizam a pessoa. Observe que poderiam ser arroladas muitas outras informações, tais como cor da pele, faixa de renda, sexo e escolaridade. Entretanto, para esse tópico, o autor do relatório julga que não seriam relevantes, por isso abstém-se de oferecê-las.

Após a identificação do texto e do jovem que será objeto de análise, no item III tem início o relatório propriamente dito, começando pelo relato da chegada do adolescente ao educandário, passando pelo motivo de seu encaminhamento (a representação do promotor de justiça) e chegando às informações sobre o comportamento psicológico e as condições sociais em que vive.

O relato da forma como o jovem se percebe em relação ao episódio delituoso, colocando-se como mero coadjuvante da ação, sugere que ele foi manipulado, usado pelo maior, suposto protagonista da ação. Ainda nesse mesmo parágrafo, a informação aparentemente irrelevante sobre a vergonha sentida ao ser reconhecido pela moça que trabalhava na *lan house* pode indicar que o menor participou de um episódio do qual talvez, por consciência própria, não tivesse participado, pois se tratava, em seu íntimo, de algo constrangedor. Temos, então, o retrato de um jovem vítima de manipulação, detentor de certo nível de consciência sobre a adequação de seu comportamento social.

No parágrafo seguinte, é apresentado o relato da mãe sobre as condições sociais em que vive a família. As "relações familiares são associativas e os vínculos acham-se plenamente preservados". Embora com dificuldades, residem em casa própria. A mãe é trabalhadora e conta com o auxílio da pensão do marido falecido. Essas informações contribuem para a construção de uma imagem altamente positiva de um ambiente familiar propício para o desenvolvimento juvenil. A informação de que o adolescente sofreu sérios problemas de saúde durante a infância parece despropositada, entretanto provavelmente tenha sido incluída com o fim de demonstrar que a mãe sempre acompanhou o filho e teve os cuidados necessários para a sobrevivência dele.

Nos últimos dois parágrafos são apresentadas as impressões dos avaliadores a respeito do adolescente. Também são impressões favoráveis. Sem nenhum antecedente infracional, consciente do que fez, trabalhador, sociável, interessado no diálogo e na aprendizagem, sem vícios além do tabaco. Logo abaixo, seguem dois itens intitulados *informes pedagógicos* e *informes disciplinares*. Ambos apontam apenas qualidades. A ressalva quanto a ter desistido dos estudos é minimizada pela culpabilização do sistema, ou seja, não desistiu porque é desinteressado, mas porque não conseguiu obter boas notas.

Dada a imagem que foi construída do adolescente pela equipe de assistência social por meio do relatório, a única conclusão a que devem chegar o promotor e o juiz é pela liberação para cumprimento de medida em liberdade assistida; afinal, o jovem goza de condições sociais suficientes para seu desenvolvimento e possui perfil psicológico adequado. O ato infracional em que incorreu aparece como deslize circunstancial, com poucas probabilidades de recorrência.

Essa análise que realizamos demonstra como um relatório, mesmo de caráter técnico, está longe de se configurar pela objetividade. Como todo enunciado verbal, os relatórios são resultado da perspectiva valorativa de seu autor. Certamente, a imagem do menor infrator, dependendo do olhar dos assistentes sociais, poderia ter sido construída de forma negativa e, como consequência, a decisão judicial poderia ser outra.

Para refletir III

Ao elaborar um relatório, temos de ter em vista sempre os objetivos aos quais ele visa no contexto social em que irá circular. Não há modelos prontos para relatórios; em cada atividade humana em que eles são exigidos, suas configurações formais e temáticas assumem características diferentes. Antes de escrevermos um relatório, devemos procurar saber o que a pessoa que irá lê-lo espera de nós. Além disso, caso a elaboração de relatório seja uma prática corrente na atividade em que estamos envolvidos, devemos procurar exemplos de modelos já elaborados, verificar que tipo de informações estes prestam, entender por que prestam essas informações, verificar quais são as formas composicionais e os estilos que adotam.

Diante disso, vamos pensar na elaboração de um breve relatório de leitura do tópico apresentado até agora neste capítulo. O leitor do relatório que você irá escrever são os autores do livro. O objetivo deles é avaliar a qualidade do texto que escreveram, ou seja, saber em que medida conseguiram atingir os objetivos pretendidos. Para tanto, esperam saber como você realizou a leitura, o quanto demorou, se houve algum ponto que gerou dificuldades e quais foram as causas dessas dificuldades. Acima de tudo, querem saber o que você conseguiu apreender e o que essa aprendizagem acrescentou à sua formação. Procure ser claro e apresentar apenas as informações que julgar relevantes para os propósitos do leitor. Como não há um modelo prévio para esse tipo de relatório, você pode começar como se estivesse escrevendo uma carta, narrando o processo de leitura e descrevendo os detalhes importantes. Você pode iniciar o relatório da seguinte forma:

Caros autores,
Iniciei a leitura do tópico referente ao gênero relatório na...

cincopontotrês
Artigo científico

Do relatório chegamos ao artigo científico, o qual, por circular em uma esfera de atividades mais restrita, possui uma configuração formal mais definida.

Para entender o processo de produção e circulação de um artigo científico, vamos imaginar duas pessoas morando em lugares distantes uma da outra. Ambas são interessadas no conhecimento e na aplicação médica de elementos químicos. Vamos imaginar também que essas pessoas vivam em uma época em que a única forma de comunicação a distância seja a carta manuscrita.

Em seus experimentos, uma dessas pessoas descobre um novo elemento ou uma nova reação causada pela composição entre elementos conhecidos. Segundo ela, os resultados dessa descoberta podem ser aplicados no tratamento de uma enfermidade. Essa pessoa tem o desejo de comunicar o fato a seu colega, o que faz por meio de uma carta. Essa comunicação tem pelo menos três objetivos básicos:

- informar o colega sobre a nova descoberta;
- possibilitar que o colega faça uma experiência similar à realizada para verificar se os resultados obtidos são os mesmos;
- promover a continuidade dos estudos químicos voltados para a aplicação médica, fortalecendo os laços entre os dois pesquisadores.

Para que a experiência feita e os resultados atingidos sejam compreendidos pelo destinatário, é necessário que o pesquisador escreva em sua carta todo o processo, de forma detalhada e clara. Do outro lado, o outro pesquisador, agora conhecedor da experiência realizada, pode acatá-la como válida e iniciar estudos para avançar em busca de mais conhecimentos em torno do fenômeno ou, caso contrário, pode refutá-la, arrolando argumentos que neguem a sua validade e sugerindo novas formas de lidar com ele. Tanto na primeira atitude quanto na segunda, há avanço na atividade investigativa e são solidificados os laços de compromisso dos pesquisadores em busca de novos conhecimentos.

Esse quadro imaginário é representativo da gênese do artigo científico, o qual, antes de mais nada, é um texto produzido com a finalidade de registrar os resultados de uma pesquisa realizada*, comunicando-os à comunidade científica, com o fim de fazer avançar a discussão acerca de temas de um determinado campo de estudo.

---

* Em manuais e em cursos de Metodologia de Pesquisa, certamente são abordados os diferentes tipos de pesquisa. Para nossos propósitos, tomamos a denominação *pesquisa científica* em um sentido genérico.

Sabemos que existem múltiplos e diferentes campos de estudo. Da mesma forma, sabemos também que, no âmbito de um único campo, há várias tendências paradigmáticas*, cada qual com seus objetivos, com seus modelos teóricos, com seus objetos delimitados e com suas próprias metodologias. O que une todos esses campos sob o mesmo conceito de *científico* é a pesquisa. Ou seja, o conhecimento científico é resultado do trabalho de pesquisa. Isso o difere do conhecimento religioso (pautado na tradição e na fé), do conhecimento artístico (pautado no acabamento estético), do conhecimento de senso comum (pautado na experiência de vida vivida) etc. O fato é que sem a pesquisa e seus consequentes avanços não há ciência. A decorrência disso é a certeza de que o conhecimento científico é sempre provisório, está sempre sendo colocado em xeque e abrindo espaços para novas descobertas. A história da ciência está repleta de exemplos de conhecimentos considerados cientificamente válidos em determinado momento e ridicularizados em outros. A provisoriedade, provocada pela incessante busca e reflexão das pesquisas, é constitutiva da natureza da verdade científica.

Embora seja, por natureza, provisório, o conhecimento científico goza de maior confiabilidade social do que outras formas de

---

* Kuhn (1997) define como paradigma um modelo de pesquisa científica comungado por grupos de pesquisadores. Esse modelo condiciona perspectivas teóricas, objetos de análise e métodos.

conhecimento*. Isso se deve ao rigor com que é tratado durante os processos de produção e de validação.

Antes de iniciar a pesquisa de um determinado objeto, pressupõe-se que o cientista esteja inteirado de outras pesquisas já realizadas, ou seja, do que outros cientistas já disseram sobre aquele mesmo objeto e das estratégias de abordagem que utilizaram. É esse conhecimento que possibilita o diálogo com eles, que possibilita escrutinar suas perspectivas e suas conclusões, confirmando-as ou reelaborando-as por meio de novas perspectivas. A produção de um novo conhecimento científico se insere nesse diálogo entre cientistas. Por um lado, o pesquisador consegue respaldar suas afirmações no que já é validado pela comunidade científica; por outro, não corre o risco de estar apenas repetindo o que já é amplamente sabido.

A validade do novo conhecimento, por sua vez, é julgada pela comunidade científica. São os integrantes dessa comunidade, especialistas nos estudos realizados acerca do tema, que irão validar ou não o conhecimento produzido através de críticas e pareceres, legitimando-o ou não**.

A ênfase que estamos dando à elaboração do artigo científico como resultado de atividades de pesquisa vem de encontro a um

---

* É muito comum, quando queremos provar determinado ponto de vista, recorrermos à cientificidade, argumentando: "Isso é verdade porque é científico!". É óbvio que se trata de um conhecimento historicamente construído, sempre provisório e parcial. Entretanto, trata-se de um conhecimento que exige explicitação de perspectiva teórica e rigor metodológico, no que se diferencia de conhecimentos adquiridos por meio de outros procedimentos, tais como o artístico e o religioso.

** Os conhecimentos advindos da gramática normativa, por exemplo, não são considerados científicos porque não são resultantes de pesquisas sistematizas, mas apenas da reprodução de conhecimentos arraigados à tradição.

certo modismo que tomou conta das atividades acadêmicas brasileiras, em que "a carroça vem sendo colocada na frente dos bois". Tem-se tornado prática comum entre professores de graduação, especialmente em atividades de término de curso, a solicitação de produção de um artigo científico aos alunos. Como a grande parte dos alunos de nossas faculdades não está envolvida em nenhum projeto de pesquisa e por isso não teriam razão nenhuma para produzir um artigo, passam a buscar informações sobre as estratégias formais de elaboração desse gênero textual. É comum ouvir desses alunos as seguintes perguntas: "Como se faz um artigo?" e "O que é que tem de ter um artigo?".

A resposta é simples. Antes de mais nada, o aluno deve envolver-se em um programa de estudo. Então deve elaborar um projeto de pesquisa e desenvolvê-lo. Isso feito, em razão da necessidade de comunicar os resultados obtidos a outros pesquisadores, o estudante poderá escrever o seu artigo*. Essa ideia remonta à concepção de textualização que estamos adotando ao longo deste livro: não basta conhecer os aspectos formais dos textos, é necessário ter o que dizer a alguém. Se temos um saber a ser divulgado, podemos encontrar as estratégias linguísticas mais adequadas para fazê-lo. O problema é termos que escrever sobre o que não sabemos, sobre o que não pesquisamos.

Os resultados de pesquisas, parciais ou conclusivos, bem como as comunicações de pesquisas em andamento, são divulgados

---

* As instituições de ensino superior e seus docentes são avaliados quantitativamente pela produção científica que realizam. Diante disso, a publicação de artigos passa a ser imperativa. A consequência é uma grande produção cujo objetivo nem sempre é compartilhar conhecimento, mas simplesmente demonstrar produção para melhorar o currículo.

e compartilhados entre os membros das comunidades científicas por meio de conferências, de comunicações em congressos, da apresentação de trabalhos de grupo, da participação em mesas-redondas, da organização de seminários de pesquisa, da defesa de teses, dissertações e monografias. Ao lado desses gêneros, circulam os artigos científicos, os quais são publicados em anais de congressos e em revistas especializadas, direcionadas a estudiosos da área.

Antes de serem publicados, os artigos passam sempre pela análise de pareceristas, autoridades da área que aconselham ou não a publicação. Se o artigo não obedecer aos critérios de cientificidade ou for julgado portador de conteúdo irrelevante, não será publicado. Quanto mais conceituada for a revista científica, maior é o rigor dos pareceristas e, consequentemente, maior será o valor atribuído ao artigo.

Como vimos, a finalidade do artigo científico é registrar os resultados de uma pesquisa, comunicar sua realização e seus resultados à comunidade de cientistas do mesmo campo de conhecimento e contribuir para o avanço do conhecimento. Diante disso, o artigo científico mantém algumas características composicionais, estilísticas e temáticas que lhe garantem uma relativa estabilidade.

Os temas abordados dependem da área de conhecimento em que a pesquisa é realizada e não se distanciam muito do que é estudado pelos demais pesquisadores da área. Geralmente, são os grandes centros de pesquisa de grandes universidades que acabam delimitando os temas mais importantes. O artigo que ousar tratar de temas muitos diferentes daqueles que estão em voga corre o risco de não ser aceito, sendo rotulado como insignificante.

Com relação ao estilo, é comum ouvirmos que o texto científico deve ser objetivo. Essa prescrição é devida à crença de que no diálogo entre cientistas está em jogo apenas o conhecimento objetivo acerca de um dado ou de um fenômeno, não devendo haver interferências de perspectivas individuais. É por isso que é comum a recomendação de um discurso impessoal, com o uso do pronome *nós* em detrimento do pronome *eu**. Há nesse entendimento, entretanto, um equívoco a respeito do que seja ciência. Na verdade, todo conhecimento, por mais que se demonstre objetivo, pressupõe um sujeito. O conhecimento não existe por si só. É um sujeito, vivendo em uma determinada época histórica e situado em um determinado contexto social, que olha para o objeto, manipula-o, pensa sobre ele e diz, de sua perspectiva, o que ele é. Trata-se de um processo idêntico ao processo de produção do conhecimento artístico. O artista, em sua obra, representa a forma como ele próprio percebe o mundo e a si mesmo nesse mundo. Por isso, usando ou não o pronome de primeira pessoa, todo texto científico tem em si um "eu" que diz o que vê e pensa.

Embora seja substancialmente subjetivo, o texto científico não pode ser organizado como um poema, uma crônica ou um artigo de jornal, pois correria o risco de não ser aceito pelos interlocutores a quem se destina. Vejamos a configuração formal de um artigo.

---

* Ao utilizar o pronome *eu*, o autor chama a responsabilidade do que está afirmando para si mesmo. Isso pode enfraquecer a argumentação, pois o leitor pode dizer que se trata de mera opinião pessoal. Ao utilizar o pronome *nós*, o autor procura a cumplicidade do leitor e de outros autores com quem dialoga. É como se dissesse "não sou eu apenas que sei e penso isso, somos nós". O uso de *nós* aproxima mais os interlocutores, enquanto o *eu* distancia. Trata-se de um recurso eminentemente argumentativo.

Análise de um artigo científico

No capítulo II deste livro, apresentamos uma análise de textos de pré-vestibulandos, enfocando a questão das cotas raciais em universidades públicas brasileiras. O tema "cotas raciais" enseja o debate sobre a discriminação contra negros em nosso país, o qual, por sua vez, está atrelado aos discursos sobre preconceito racial. Esse é um tema corrente em diferentes contextos, presente em piadas, em conversas fortuitas nos corredores das universidades, em debates de sala de aula, em palestras, em reportagens jornalísticas e em artigos jornalísticos de opinião. Por ser um tema complexo de grande relevância social, as questões relacionadas ao preconceito racial, à identidade e ao conflito étnico se tornam objeto de estudo nos meios acadêmicos, enfocado pelos vieses da sociologia, da história, da filosofia, da literatura, da psicologia social, da antropologia, entre outros. No âmbito dos estudos linguísticos, especialmente na análise do discurso e na sociolinguística, esse tema ocupa espaço privilegiado. Isso se justifica pela centralidade da linguagem na representação ideológica da realidade e na formação das consciências individuais. Vamos passar a analisar a organização estrutural de um artigo científico (ver Anexo), publicado nos Anais do Grupo de Estudos Linguísticos de São Paulo (GEL), em 2003, em que a autora, Xavier (2003), aborda esse tema.

Contexto de publicação

O fato de o texto ter sido publicado em um contexto de estudos da linguagem já pressupõe um leitor que transita nessa área, um estudante ou um especialista, o qual detém conhecimento de seus temas, da forma como abordá-los e das concepções teóricas vigentes.

Título

Como todo título de texto, o preconceito antinordestino em piadas indica ao leitor o assunto que será abordado. Observe que o tema "preconceito" é delimitado como sendo apenas o "antinordestino" e o "presente em piadas". É importante essa delimitação do assunto expressa no título para facilitar a vida do leitor, poupando-lhe tempo. Lendo apenas o título, ele já tem uma ideia do que o artigo trata. O título desse texto, por exemplo, poderia ser *O preconceito no Brasil*, mas falharia pela abrangência, pois não são tratados todos os tipos de preconceito que vivenciamos. Da mesma forma, uma pesquisa que tem como foco de estudo o processo de formação de professores alfabetizadores na região sul do Maranhão no início deste século jamais poderia ser intitulada *A formação de professores no Brasil*, pois deveria retratar no título apenas o que ela de fato realizou.

Atribuição

Consiste na identificação do autor e da instituição a que ele é vinculado. Ambas as informações podem ser decisivas para a leitura ou não do artigo. Um autor prestigiado contará com leitores certos. Um autor desconhecido vinculado a uma instituição reconhecida pode encontrar leitores. Já um autor desconhecido vinculado a uma instituição desconhecida...

Abstract (resumo)

O resumo tem como objetivo explicitar o tema enfocado, o objeto analisado, a tese a ser desenvolvida, o enfoque teórico adotado, as metodologias utilizadas e as conclusões atingidas. É de apresentação obrigatória, isto é, constitui uma exigência de grande parte das revistas para aqueles que desejam ter seus trabalhos nelas publicados, servindo de guia para os leitores selecionarem os artigos que irão se propor a ler. Deve ter seu correspondente em outra língua, conforme determinação normativa da própria revista, a fim de poder ter sua penetração aumentada no meio acadêmico da área.

> ABSTRACT: This paper analyses the discourse of prejudice and discrimination in jokes about nordestinos. The analysis of the jokes leads us to conclude that they do not work as support for critic or revolutionary discourses, but on the contrary, according to Possenti (1998:49), they present extremely reactionary discourses.*

Palavras-chave

Como o próprio nome diz, as palavras-chave configuram-se como porta de entrada ao texto. Seus significados, sintéticos e abrangentes, de amplo domínio da comunidade a que o artigo se destina,

---

* No final do artigo, a autora, Xavier (2003), apresenta a seguinte tradução do *abstract*: "Esse trabalho objetiva analisar o discurso do preconceito e discriminação veiculado em piadas sobre nordestinos. A análise das piadas permitiu constatar que estas não funcionam como suporte para discursos críticos ou revolucionários, mas, como diz Possenti (1998: 49), como veículo de discursos extremamente reacionários".

delimitam o tema abordado, a metodologia e o enfoque teórico adotados e o consequente paradigma em que a pesquisa se insere.

> KEYWORDS: discourse analysis; discursive formation; paraphrase; jokes; prejudice in language.

A expressão *discourse analysis* explicita a teoria linguística que será utilizada; *discursive formation* e *paraphrase* são dois conceitos operacionais importantes no interior dessa teoria; *jokes* são os objetos de análise; *prejudice in language* é o tema que será abordado.

Introdução

Enquanto o título, a atribuição, o *abstract* e as palavras-chave têm a função de identificar e apresentar o artigo em sua totalidade, a introdução consiste em um detalhamento do contexto de produção da pesquisa, do debate em que ela se insere e dos objetivos a serem atingidos, simultaneamente à exposição de uma justificativa para realização e apresentação desse trabalho. Nem sempre a introdução recebe o subtítulo *introdução*. Pode receber um subtítulo genérico como *Primeiras palavras* ou *Para início de conversa*. Pode também receber um título relativo ao tema enfocado pelo artigo. *Um quadro trágico*, por exemplo, é o subtítulo da introdução de um artigo que enfoca os problemas da evasão escolar no Brasil. O importante é que a introdução abra caminho para o leitor, que apresente informações necessárias para que ele se oriente durante a leitura, como no trecho a seguir.

Algumas palavras iniciais

Esse trabalho objetiva fazer um estudo sobre o discurso do preconceito e da discriminação veiculado em piadas sobre nordestinos brasileiros. Esse estudo se inscreve no campo da análise do discurso de linha francesa (AD).

As piadas, segundo Possenti (1998:26), são um instrumento de análise extremamente interessante pois além de se constituírem quase que exclusivamente de temas considerados socialmente controversos, por exemplo: sexo, política, racismo, regionalismo – o que me interessa em particular nesse trabalho – ainda trabalham praticamente com estereótipos. Assim: todo judeu só pensa em dinheiro; todo português é burro; todos os advogados são corruptos; todas as loiras são burras e só pensam em sexo etc. Além disso, ainda segundo o autor, as piadas são interessantes porque geralmente veiculam "um discurso proibido, subterrâneo, não oficial" (idem). Embora à primeira vista, as piadas nem sempre são críticas ou revolucionárias. Como diz Possenti (1998:49), "O humor pode ser extremamente reacionário, quando é uma forma de manifestação de um discurso veiculador de preconceitos..."

O preconceito antinordestino, segundo Magnoli (1998), vê no migrante o pobre. O nordestino é visto como diferente. Assim, enquanto o imigrante europeu é visto como a fonte do trabalho e da riqueza, o nordestino aparece como a fonte da preguiça e da pobreza.

Dessa forma, os nordestinos, de uma maneira geral, são vistos como um povo que serve de mão de obra barata para o Sul/Sudeste do país.

Um povo tomado pela miséria e pela falta de perspectivas. Além disso, um povo cuja identidade é, muitas vezes, caracterizada pelos traços físicos que correspondem ao estereótipo de um nordestino, atestado, por exemplo, na piada abaixo:

D1. "Viajando há horas por uma estradinha do interior do nordeste, um caixeiro-viajante, de repente, avista adiante um forte clarão de luz. Ao se aproximar, ele vê contra a luz a silhueta de um ser estranhíssimo: cabeça grande, corpo pequeno, pernas finas dobradas, os braços se arrastando pelo chão. Julgando tratar-se de um E.T., o caixeiro-viajante toma coragem e se apresenta:

— Edmilson, terráqueo, caixeiro-viajante, fazendo contato!

Do meio daquela forte luz, vem uma voz que responde:

— Jesuíno, paraibano, motorista de caminhão, fazendo cocô!"

Como diz Penna (1992:77), "Os traços físicos do nordestino, do índio, do negro, do japonês são frequentemente priorizados nos esquemas de percepção e de classificação dominantes, como critério para a imputação de identidade – e a consequente qualificação do indivíduo".

Após essa introdução, a autora passa a apresentar os dados e as análises, chegando à conclusão, como veremos a seguir. Até aqui, no primeiro parágrafo, ela informa qual é o objetivo do trabalho (um estudo sobre o discurso do preconceito e da discriminação veiculados em piadas sobre nordestinos) e qual é o enfoque teórico adotado (análise do discurso de linha francesa). Observe que a autora não precisa dizer o que é essa teoria, pois certamente seus leitores, estudantes ou especialistas da linguística, sabem do que se trata.

No segundo parágrafo, ela justifica a elaboração do trabalho, expondo um problema a ser debatido: a contradição existente entre a forma como o senso comum percebe o objeto de análise (piadas como subversivas e revolucionárias) e a forma como um especialista as entende (piadas podem ser extremamente reacionárias ao veicularem discursos do preconceito). O especialista citado, Sírio Possenti, é um renomado autor na área dos estudos da análise do discurso e do humor. Essa citação de enunciado atribuído a uma autoridade da área confere credibilidade ao estudo que será apresentado.

No terceiro parágrafo, a autora explica o que é o preconceito antinordestino, apoiando-se na citação de um outro autor – "(Magnoli, 1998)". Observe que ela não precisa refazer estudos e demonstrações sobre a existência e a natureza desse preconceito. A citação do trabalho de um outro autor que já contemplou tal tema é suficiente. Caso o leitor queira saber mais sobre essa questão, deverá buscar pela obra desse autor.

No quarto parágrafo, é explicitada a forma estereotipada de se ver o nordestino no Brasil. Para corroborar a afirmação, a autora apresenta um dado, uma piada, em que é demonstrado como se constrói essa imagem pejorativa do nordestino. Para finalizar a introdução, a autora cita, como argumento de autoridade, um fragmento de uma obra de outro autor, "Penna (1992: 77)", o qual ratifica sua tese.

Análise dos dados – desenvolvimento

Apresentados os objetivos, a perspectiva teórica, os objetos de análise e a tese a ser defendida, a autora passa a apresentar a análise de dados, consistentes de seis piadas, indicadas pela letra D seguida de um número de 2 a 7 (a piada "D1" já foi apresentada anteriormente). Antes de selecionar essas piadas como dados, certamente, durante a realização da pesquisa, a autora registrou e analisou várias outras piadas com o mesmo tema. Entre todos os registros que fez, selecionou essas sete por evidenciarem com maior precisão a tese defendida.

Observe que na transcrição das piadas são mantidos seus estilos chulos, ou seja, são transcritas com as mesmas formas linguísticas com que são escritas e faladas no cotidiano, sem maiores pudores ou qualquer espécie de "maquiagem". Se as piadas, como dados da realidade, são contadas dessa forma, é dessa forma que devem ser transcritas. Essa fidelidade na transcrição é característica da objetividade do discurso científico, pois procura conferir maior confiabilidade à análise que será apresentada.

Concomitantemente à apresentação dos dados, a autora vai analisando-os. Para realizar essa análise, ela busca conceitos teóricos na análise do discurso. Observe que já no primeiro parágrafo, ao definir o que entende por discurso e como entende o sujeito do discurso, ela busca aporte em Foucault ("O discurso é visto por Foucault"), indicando a obra em que esse autor expõe esses conceitos pelo ano de sua publicação (1969). Em parágrafos seguintes, ao fazer uso dos conceitos de *paráfrase, formação discursiva, pré-construído* e *humor*, ela recorre a outros autores reconhecidos no meio acadêmico, indicando o número da página e o ano de publicação da obra em que esses autores tratam desses assuntos: "(Brandão, 1996: 39), Orlandi (2001), Henry (1975) e Bérgson (1980)". A descrição completa dessas obras deverá aparecer nas referências bibliográficas. Especialistas da área possivelmente já as conheçam; iniciantes podem buscá-las para aprofundar seus estudos sobre o tema. Essa recorrência a textos de outros autores mantém vivo o diálogo científico.

Conclusões – considerações finais

Nas considerações finais (conclusões), a autora retoma e reafirma a tese inicial. Observe que se trata de um texto científico que em momento algum se mantém neutro. Pelo contrário, ele apresenta um forte posicionamento político-ideológico acerca de um conflito histórico caracterizado por processos de desumanização, desnaturalizando estratégias discursivas aparentemente inocentes que envidam esses processos. Diante de um tema incômodo (o preconceito veiculado em piadas), a autora busca conceitos e argumentos nos trabalhos publicados por outros cientistas que a auxiliam na elaboração de uma análise que explicita seu ponto de vista. Cabe ao leitor ler, criticar e, se assim o desejar, produzir um outro artigo.

Referências bibliográficas

Na sequência, finalizando o artigo, são apresentadas as obrigatórias referências bibliográficas*, ou seja, a identificação completa das obras com que a autora manteve diálogo na elaboração de seu texto.

 Não custa reafirmar, à guisa de conclusão, que a organização estrutural do artigo científico não é rígida, pois depende do estilo

---

* As normas de apresentação de referências bibliográficas podem ser buscadas em manuais de elaboração de trabalhos acadêmicos.

do autor. No artigo que analisamos, a autora deixou para dizer apenas no final do texto que quem ri de piadas preconceituosas também é preconceituoso. Com isso, ela consegue provocar efeitos de sentido interessantes, expondo a uma situação constrangedora o leitor que porventura tenha rido das piadas que ela apresentou anteriormente, porque ele se percebe também preconceituoso. Essa forma de organizar o texto foi uma estratégia argumentativa. E isso, a melhor maneira de defender ou expor uma ideia, depende da forma como o autor encara o tema, o leitor e os sentidos que deseja provocar. O que deve estar sempre presente em um artigo científico, entretanto, é a fundamentação teórica, a definição dos objetivos, a explicitação da metodologia, a análise dos objetos e as referências bibliográficas, pois são exigências do diálogo na atividade científica.

Para refletir IV

Releia o texto em anexo *O preconceito antinordestino em piadas*, de Xavier (2003). Em um trabalho de resumo, retire dele a ideia básica defendida pela autora. Procure compreender seu ponto de vista teórico acerca do que seja a linguagem e de como ela funciona. Observe os dados e as análises feitos pela autora. Tenha claro que a análise oferecida dos dados consiste em um trabalho de explicitação de um fenômeno e de argumentação em favor da tese que ela defende.

Vamos, agora de posse do resumo, manter um distanciamento do texto e procurar perceber essas piadas sendo contadas em nosso dia a dia. Como você as percebe? São fomentadoras de preconceitos? As pessoas que riem delas são também preconceituosas? Não devem ser contadas, em razão disso, essas piadas?

> Com base em suas reflexões, escreva um texto, como se fosse um artigo de jornal, dando sua opinião acerca do tema e do posicionamento exposto pela autora desse artigo. Para finalizar, observe as diferenças discursivas e estruturais entre o artigo científico e o texto que você escreveu.

Síntese

Neste capítulo, apresentamos o processo de produção de dois gêneros textuais inerentes à atividade acadêmica: o relatório e o artigo científico. Iniciamos com a caracterização da esfera de atividade em que esses textos se inserem, as funções sociocomunicativas que desempenham nessa esfera e o consequente trabalho dos sujeitos com e sobre a linguagem em seu processo de produção.

Atividades da autoavaliação

1. De acordo com a exposição que realizamos sobre o gênero *relatório*, é correto afirmar:
   a. É um gênero comum, com forma estrutural bem definida e aplicável em qualquer contexto de interação socioverbal.
   b. É um gênero expositivo em que o autor defende uma ideia através da análise de dados empíricos.
   c. É um gênero em que não se exigem formalidades. Seu estilo depende apenas da individualidade do autor.
   d. É um gênero textual inerente a diferentes atividades humanas, maleável de acordo com exigências interativas características da atividade em que se desenvolve.

2. Sobre o artigo científico, é incorreto afirmar:
a. É um gênero direcionado a todo o público leitor de determinada sociedade.
b. Seu papel é manter e estimular o debate científico.
c. É resultado de trabalhos de pesquisa e de reflexão acerca de conhecimentos produzidos pela comunidade científica.
d. Apresenta conhecimentos fundamentados teoricamente, mas sempre provisórios, abertos a críticas e a reformulações.

3. Sobre o enunciado a seguir, podemos afirmar:

"Você não acredita, mas eu tinha uma micose no pescoço, bem atrás da cabeça. Não tinha remédio que curasse. Um dia, eu entrei em uma igreja, molhei as pontas dos dedos com água benzida e passei sobre a micose. No outro dia tinha desaparecido. E nunca mais voltou".

a. É característico da atividade científica, pois se pauta em um conjunto de conhecimentos amplamente aceitos pelo senso comum religioso.
b. Parte da observação de dados empíricos e, amparado em reflexões teóricas não explícitas, apresenta uma tese confiável.
c. Relata um acontecimento do cotidiano aparentemente inexplicável que procura reafirmar valores religiosos. Esse acontecimento, caso fosse de interesse da comunidade científica, poderia dar ensejo à realização de pesquisas.
d. Poderia desempenhar o papel de *abstract*, haja vista a síntese que faz do fenômeno vivenciado.

4. Diferentemente de outros textos, um artigo científico, em razão da atividade em que é produzido, deve conter:
a. introdução, desenvolvimento e conclusão.
b. atribuição, objetivos, objetos de análise, metodologia, enfoque teórico e referências bibliográficas.
c. *abstract*, palavras iniciais, apresentação de dados, considerações finais e referências bibliográficas.
d. posicionamento do autor em relação ao tema e aos interlocutores.

5. Para produzir um artigo científico, é inadequado:
a. envolver-se em atividades de pesquisa, procurando manter um diálogo permanente com pesquisadores da comunidade em que você se insere.
b. definir um objeto de estudo e elaborar um projeto de pesquisa.
c. antes de mais nada, buscar modelos de artigos e procurar parafrasear seus temas e formas composicionais.
d. ler artigos e livros que abordam o mesmo tema, procurando identificar seus objetivos, suas perspectivas teóricas e as metodologias que adotam, posicionando-se diante deles.

Atividades de aprendizagem

Questões para reflexão

1. Durante seu curso, você deverá realizar relatórios de aprendizagem. Procure verificar como são escritos esses relatórios e responda às seguintes questões:
a. Quais são os objetivos desses relatórios?
b. Quem serão os leitores desses relatórios?

c. Que ideia você faz desses leitores e o que pensa que eles esperam do relatório que irão ler?
d. Qual é o estilo mais frequente desses relatórios?
e. De forma geral, o que dizem esses relatórios?
f. Quais os cuidados que o autor do relatório deve tomar ao escrevê-lo?

2. Apresentamos, na sequência, um texto publicado na seção de opinião de um grande jornal do Estado do Paraná. Na época da publicação desse texto, foi aprovada e sancionada uma lei que restringe o uso de palavras de origem estrangeira nos textos publicitários divulgados em âmbito estadual. Essa lei trata de um tema, no mínimo, bastante polêmico na comunidade científica. No livro *Estrangeirismos: guerras em torno da língua*, de Carlos Alberto Faraco (2001), encontramos uma coletânea de artigos científicos que examinam esse tema de modo diferente da forma como é abordado no texto a seguir, também de autoria de Faraco. Essas diferenças devem-se às características específicas dos gêneros *artigo jornalístico* e *artigo científico*. À luz das considerações que fizemos acerca do gênero *artigo científico*, estabeleça uma comparação entre o texto a seguir e um possível artigo científico que tratasse do mesmo tema. Considere em sua análise o contexto de publicação, o leitor visado, a forma de apresentação do tema e das fontes empregadas, as estratégias argumentativas utilizadas, as relações intertextuais estabelecidas, entre outros fatores que podem caracterizar um e outro gênero. Para finalizar, escreva um pequeno texto justificando por que esse texto não pode ser considerado um artigo científico.

Deixemos a língua em paz

Quando uma autoridade apresenta projetos de regulação do uso social da língua, eu logo me assusto. E me assusto, em primeiro lugar, como cidadão. Hoje, a autoridade quer determinar como devo usar as palavras. Amanhã vai querer dizer que livros poderei ler. Depois, que músicas poderei ouvir. E, por fim, que ideias e crenças estarei autorizado a ter.

Não há como deixar de sentir nestes projetos um forte cheiro de autoritarismo. E essa sensação se agrava – e muito – quando observamos a história do século 20: os governantes que quiseram controlar o uso da língua constituem um time de credenciais nada recomendáveis (Hitler, por exemplo, queria, em nome da defesa da língua pátria, "purificar" o alemão de palavras do iídiche). Sempre me pergunto se este padrão histórico é mero acaso.

Mas, além de reagir como cidadão, reajo também como técnico no assunto. Há uns 40 anos me dedico ao estudo científico das línguas e, por isso, não posso evitar dizer que, subjacente a estes projetos, há um preocupante desconhecimento de como as línguas funcionam.

As línguas ampliam continuamente seu vocabulário. Pelos cálculos de Antônio Houaiss, o português tinha 40 mil palavras no século 16 e tem hoje aproximadamente 400 mil. A história dos últimos 500 anos explica por que nosso léxico teve de aumentar dez vezes. E isso se deu por dois processos: a criação de novas palavras (os chamados neologismos) e a incorporação de palavras de outros idiomas (os chamados empréstimos).

É preciso que se diga que o segundo processo foi, nesse meio milênio, muito mais produtivo que o primeiro. Calcula-se que aproximadamente 35% do nosso vocabulário são de palavras de outros idiomas. Nesse total, estão desde palavras das línguas dos povos que habitavam a península Ibérica antes da ocupação romana até as do inglês incorporadas nos últimos cem anos, passando por aquelas que foram (e continuam sendo) importadas de inúmeras outras línguas americanas, africanas, europeias e asiáticas.

Assim, o uso e eventual absorção de palavras de outros idiomas constituem uma solução e jamais um problema. São um fator de enriquecimento e não de empobrecimento das línguas. Temos, portanto, bons motivos para deixar a língua e seus falantes em paz.

E acrescente-se a isso um outro fato a que poucos atentam: os falantes, na própria dinâmica da vida social, usam palavras de outros idiomas, absorvem algumas e, o mais importante, descartam a maioria, sem que haja a necessidade intervenções legiferantes. Exemplo próximo nosso é o vocabulário do futebol. Quando o "esporte bretão" chegou aqui, praticamente a totalidade das palavras era do inglês. Hoje, sobraram não mais que duas (gol e pênalti). O mesmo processo estamos assistindo agora com o vocabulário da informática: mais de dois terços das palavras do inglês já foram descartados. Felizmente, para horror dos que querem tudo regular, a própria sociedade regula o funcionamento da língua. E o faz com mais inteligência e propriedade do que os que se metem a rabequista.

Apesar de tudo isso, a Assembleia aprovou um estapafúrdio projeto de iniciativa do Executivo que obriga que sejam traduzidas palavras de outros idiomas que ocorram em propagandas expostas no estado, estipulando multa de R$ 5 mil para o seu descumprimento.

Como será ele aplicado? O primeiro problema será definir o que são "palavras de outros idiomas". Pode parecer simples. Mas, considerando que 35% do nosso vocabulário é composto de "palavras de outros idiomas", como saberemos quais devem ser "traduzidas"? Pizza, show e internet, por exemplo, vão precisar de tradução? E o que é exatamente traduzir? Tecnologia bluetooth deverá ser tecnologia dente azul? O que precisamente se estará resolvendo com isso? E, por fim, quem serão os fiscais aplicadores das multas, se nem os especialistas (os lexicólogos) sabem como estabelecer com precisão quando um estrangeirismo passa a ser um empréstimo? E um empréstimo deixa de ser uma "palavra de outro idioma"?

Carlos Alberto Faraco, professor titular (aposentado) de Linguística e Língua Portuguesa da UFPR, é organizador do livro Estrangeirismos: guerras em torno da língua (Editora Parábola).

FONTE: Faraco, 2009.

Atividade aplicada: prática

1. Procure uma revista científica específica de uma das áreas de conhecimento do curso em que você está matriculado. Você pode procurar através da internet. Procure grandes universidades, nacionais ou internacionais, em que há programas de pesquisa nessa área. Acesse o *link* "publicações", "pós-graduação", "pesquisas" ou outro similar. Possivelmente você encontrará revistas científicas. Outra possibilidade é acessar o portal da Capes (Coordenação de Aperfeiçoamento de Pessoal de Nível Superior). De posse da revista, escolha um artigo que trate de um tema de seu interesse. Em seguida, elabore uma resenha dele. Inicie fazendo um resumo com o nome do autor, a data de publicação, os objetivos, o objeto de análise, a perspectiva teórica, a metodologia e as conclusões. Em seguida, diga qual é, em sua opinião, a importância do artigo, apontando suas qualidades e seus defeitos.

um das variações à uniformidade
dois o texto escrito
três os gêneros textuais
quatro resumo e resenha
cinco relatório e artigo
seis reescrevendo o próprio texto

{

❰ NOS CAPÍTULOS ANTERIORES, discorremos sobre as concepções de linguagem e de texto, apresentando a análise de alguns gêneros textuais e sugerindo, como atividade, a produção de vários outros. Neste capítulo final, iremos enfocar uma etapa importante da atividade de produção de textos escritos: a revisão e a reescrita. Iniciaremos fazendo uma breve exposição sobre a importância dessa atividade. Em seguida, alinharemos alguns aspectos a serem observados em nossas produções textuais, apresentando eventuais problemas advindos deles. Além disso, faremos a exposição de algumas estratégias de reescrita, consistentes da subtração, da substituição e da adição de segmentos de enunciados. Nosso objetivo não é apenas o de adequar a escrita à norma padrão, mas sim o de tornar possível a construção de um texto que goze de aceitabilidade em seu contexto de circulação.

seispontoum
As etapas da escrita

Finalmente chegamos ao último capítulo deste livro. Chegamos também ao momento de parar para pensar sobre a qualidade de nossa própria escrita, para refiná-la e deixá-la em uma versão adequada para tornar-se pública.

Para nos tornarmos produtores proficientes de textos escritos, temos, necessariamente, de romper com um mito muito arraigado na cultura brasileira: a ideia de que escrever é dom, coisa destinada a poucos iluminados. A essa ideia subjazem outras duas: a primeira é a de que não sabemos escrever, fortemente vinculada a nossa baixa estima linguística; a segunda é a de que a escrita é um processo de espontaneidade criativa, ou seja, atividade dependente apenas da inspiração individual.

Certamente podemos romper com esses mitos e nos tornarmos eficientes produtores de textos escritos. Afinal, ninguém nasceu sabendo escrever. O domínio da escrita é resultado de aprendizagem, o que exige trabalho e disciplina. Quando nos deparamos com um texto muito bem escrito, daqueles que merecem o respeito de qualquer leitor, às vezes nem desconfiamos do imenso esforço que precedeu sua finalização e publicação. Mesmo antes de iniciar a escrita de seu texto, o autor deve ter dedicado muito tempo à leitura, à reflexão e à discussão do tema enfocado. Depois disso, deve ter planejado a elaboração do texto, pensado nos possíveis leitores, feito esquemas, rascunhado uma ou duas vezes algumas ideias vagas, escrito a primeira, a segunda, a terceira, a quarta versão. Antes da publicação, é provável que ainda tenha passado a última versão para o parecer de um revisor.

Existem exemplos de grandes obras literárias, como *Madame Bovary*, de Gustave Flaubert*, cuja escrita demorou muitos e muitos anos. Borges (1987, p. 49) dizia que "Publicamos para não passar a vida corrigindo rascunhos. Quer dizer, a gente publica um livro para se livrar dele". Vivemos, em relação a isso, um paradoxo. A dinâmica do mercado produtivo, inclusive o educacional, exige rapidez, o que não pode ser confundido com qualidade. Se, por um lado, não podemos permanecer durante muito e muito tempo lapidando o nosso texto, por outro não podemos dá-lo à publicação sem um acabamento adequado. Sabemos muito bem a quantidade de leitores que nos esperam com armas nas mãos, prontos para julgar e condenar nossas eventuais falhas. É óbvio que algumas obras são escritas em poucos meses, como é o caso do romance *O jogador*, de Dostoiévski**, escrito em apenas 30 dias. Diante desses casos, entretanto, não devemos ser ingênuos. É óbvio que as reflexões e a estrutura da obra já estavam germinando há muito na cabeça do autor.

O trabalho de construção de um texto pode ser dividido em três grandes etapas: a preparação para a escrita, a escrita propriamente dita e a reescrita. Essas três etapas não acontecem necessariamente separadas umas das outras. À medida que estamos estudando determinado tema, de certa maneira já estamos pensando na organização de um texto. Da mesma forma, enquanto estamos organizando um texto, ao mesmo tempo que pensamos

---

* FLAUBERT, G. *Madame Bovary*. 2. ed. Porto Alegre: LP&M Editores, 2004.
** DOSTOIÉVSKI, F. *O jogador*. São Paulo: Martin Claret, 2000.

sobre as estratégias discursivas a serem adotadas, também amadurecemos as ideias acerca do que queremos dizer.

Separando essas etapas para fins didáticos, podemos dizer que a preparação para a escrita envolve o trabalho de leitura, de pesquisa, de discussões, de reflexões e de amadurecimento das ideias. A escrita é o ato de formalizar graficamente o que se tem a dizer com base no que se aprendeu e se deseja dizer. A reescrita é o trabalho de revisão da própria escrita, tema deste capítulo.

> Para refletir I
>
> A partir deste momento, sempre que você for escrever um texto, irá pensar em todo o seu processo de elaboração, desde o momento em que ele teve início até o momento em que você o deu por encerrado. Observe as necessidades de interação que desencadearam sua atividade – pode ser um trabalho escolar, uma carta a um amigo, um artigo para o jornal, uma nota de diário, entre outros. Observe os caminhos mentais que você percorreu para iniciar a escrita. Observe como iniciou, tente explicar a origem das dificuldades e justificar por que iniciou dessa forma e não de outra. Observe também suas hesitações, suas dúvidas e seus medos. Quando finalmente der o texto para a apreciação de alguém, perceba as sensações que podem surgir, entre elas o medo de ser julgado com muita severidade e o desejo de ser reconhecido e apoiado como autor.

seispontodois
A reescrita

São raras as vezes em que paramos para pensar sobre nossa própria escrita e sobre os sentidos que podem ser gerados a partir dela. Talvez isso ocorra em razão de não termos aprendido durante nossa escolarização a nos envolver efetivamente em processos interlocutivos letrados, o que inibe a percepção da escrita como atividade de construção de sentidos e nos leva a desenvolver as "estratégias de preenchimento", como demonstramos em capítulo anterior.

Quando falamos em pensar sobre a própria escrita, não estamos nos referindo apenas à habilidade para detectar "erros" gramaticais e corrigi-los. Estamos nos referindo à produção de sentido. Diante disso, analisar e reescrever o próprio texto não é mera higienização, caracterizada pela limpeza de tudo o que poderia soar como transgressão às regras normativas. Trata-se de estratégias de reflexão sobre a escrita para tentarmos controlar os sentidos do texto, tornando nosso enunciado mais acabado e, por isso, mais propenso à compreensão (e à resposta) do leitor visado. Veja como Jesus (2000, p. 101) descreve as expectativas vigentes em uma atividade de reescrita escolar que abomina a mera submissão aos modelos padrões, os quais, segundo a autora, redundam no esvaziamento do professor e dos alunos como sujeitos históricos, na medida em que visam apenas à reprodução:

> A expectativa, portanto, era de que o texto do aluno, durante a reescrita, fosse abordado com uma projeção positiva, isto é, que se

considerasse a relevância dos problemas linguísticos apresentados em função da plenitude dos objetivos do texto, obtida na sua dialogicidade com o conjunto dos interlocutores. Desse modo, a figura do autor/leitor passa a ser vista como a de um agente mobilizador, cujas palavras são propulsoras de ações historicamente constituídas e, portanto, não podem ser apagadas, corrigidas, substituídas, pontuadas e/ou reelaboradas para atender exclusivamente aos reclamos imediatos da gramática pela gramática.

O texto a seguir, por exemplo, foi escrito por um aluno de quinta série do ensino fundamental na primeira aula de português do ano. O professor, com o objetivo de conhecer o contexto social de seus alunos, solicitou a escrita de um texto com o título *Minha vida com minha família*. Um dos textos produzidos foi:

> Eu vivo com mia mãe i meus irmõizinho na casa qui avô deu porque o pai inda ta presu na Piraquara. Nois samo muinto felis e eu ganhei um isqueiti no natau.

A atividade de reescrita, feita no quadro negro junto com os alunos, pautou-se na correção gráfica, no emprego dos sinais de pontuação e na concordância sintática:

> Eu vivo com a minha mãe e com meus irmãozinhos. Vivemos na casa que nosso avô nos cedeu, porque o meu pai está preso em Piraquara. Nós somos muito felizes. Eu ganhei um skate no Natal.

Nessa reescrita, não há um interesse além daquele de normatizar a escrita da criança. Se o desejo do professor era a produção de um texto em que o aluno dissesse como é a vida dele na família, era sob essa ótica que o texto deveria ser lido e reescrito. O texto diz o que se esperava dele? Não diz? Por que não? O que falta? O que deve ser incluído? Em contrapartida, alguma coisa deveria ser suprimida? Observe que dizer em um texto que o pai está em um presídio, dependendo da pessoa a quem se diz, pode ser um estopim para a emergência do preconceito.

Vamos fazer um aparte neste ponto para tentar deixar bem claro que as correções gramaticais visando à adequação à norma padrão são importantes. Um leitor pouco cooperativo (e geralmente um mau leitor, porque olha para o subsidiário e não para o essencial) pode desqualificar nosso texto em razão de problemas dessa ordem. É comum, no Brasil, nossas capacidades cognitivas serem relacionadas a nossas habilidades para escrever. Se escrevemos bem, somos inteligentes; se escrevemos mal, somos ignorantes. O aluno que escreveu o texto acima pode muito bem ser rotulado como deficiente mental*. Temos de estar prevenidos para esse tipo de preconceito. Para tanto, sempre que surgirem dúvidas com relação à grafia, à flexão de palavras, à organização das frases, ao uso de sinais de pontuação, ao uso de preposições, às formas de concordância, entre outros aspectos, é importante consultar dicionários, manuais de escrita, colegas mais experientes ou professores de língua. Um breve acesso a um *site* especializado em língua portuguesa pode ajudar muito. Em último caso, nada impede a contratação de

---

* Sobre a patologização de crianças que não aprendem a escrever, ver Moysés (2001).

um revisor técnico para fazer as correções necessárias antes de dar o texto à publicação. Essas dúvidas, entretanto, jamais devem ser empecilhos para a escrita.

Voltado ao tema deste tópico, queremos chamar a atenção para duas possibilidades de reescrita. A primeira é simultânea à elaboração do texto. Consiste nesse trabalho permanente de escolher palavras, de medir sua expressividade, de verificar sua grafia, de voltar ao início do parágrafo e rever a organização das frases, a pontuação, o sentido das conjunções, o uso das preposições, as concordâncias e os riscos de ambiguidade. Trata-se de um trabalho permanente que nos acompanha durante a atividade de escrita. A segunda possibilidade de reescrita é aquela que realizamos após dar mais ou menos uma forma completa ao texto. São os ajustes na organização estrutural do texto e as lapidações nas estruturas frasais. Neste capítulo, iremos enfocar com prioridade essa segunda espécie de reescrita, aplicando-a em alguns exemplos selecionados.

Durante a reescrita dos textos selecionados, faremos três tipos de operação:

a. Subtração – É a exclusão de palavras, frases ou informações que estejam sobrando, provocando redundância ou incoerência.

b. Adição – É a inclusão de palavras, frases ou informações que estejam faltando.

c. Substituição – É a permuta de palavras, frases ou informações por outras que possam ser mais convenientes para o propósito enunciativo.

> **Para refletir II**
>
> Escreva um pequeno texto respondendo à questão "O que é escrever?". Enquanto estiver escrevendo, procure perceber os momentos em que você interrompe a escrita para pensar sobre ela. Procure identificar por que houve esse momento de reflexão. Pode ser o desconhecimento da grafia de uma palavra, pode ser o esquecimento de uma palavra que você gostaria de dizer, pode ser o medo de dizer alguma coisa que agrida o leitor, pode ser a dificuldade em desenvolver o raciocínio, pode ser qualquer outro motivo. O importante é que você pare para pensar na sua própria ação durante a atividade de escrita.

seispontotrês
O que olhar no texto escrito

É comum olharmos para o texto que escrevemos e não conseguirmos enxergar nenhum problema nele; contudo, basta solicitarmos a outra pessoa que o leia para que os problemas apareçam. Também é comum nas atividades escolares de produção textual os alunos acharem que produziram um belo texto, mas receberem notas baixas. Tanto o primeiro quanto o segundo caso são decorrentes de nossa falta de atenção a alguns aspectos que podem prejudicar a qualidade do texto. Para analisar esses aspectos, tomaremos como base os conceitos dos fatores de textualidade expostos no capítulo dois, ao lado do conceito de gênero apresentado no capítulo três. Com base nesses conceitos, daremos ênfase ao objetivo do autor do texto, à situação de produção, à quantidade de informações apresentadas, às relações intertextuais sugeridas, ao estilo do gênero e ao estilo individual do autor, à coerência, à consistência argumentativa e à organização coesiva interna do texto. Por estarem interligados, esses aspectos serão olhados simultaneamente na totalidade do texto. Olhar para eles dessa forma nos faz ir muito além das simples correções ortográficas e sintáticas, as quais, em tese, podem ser realizadas por um programa de computador.

Resumo de artigo de opinião

Vamos iniciar com um artigo de opinião, publicado no jornal *Folha de S. Paulo*. O trabalho com esse artigo foi parte de uma proposta de produção de escrita realizada durante uma aula de Português no primeiro ano de um curso de graduação em Letras. Em um debate realizado em sala de aula em torno da natureza da atividade de escrita, o professor sugeriu aos alunos a leitura desse artigo e, com o objetivo de sintetizar a ideia defendida pelo autor e agrupar seus principais argumentos, solicitou que fosse elaborado um resumo, o qual, posteriormente, deveria ensejar a redação de uma carta à coluna do leitor do jornal em que o texto foi publicado, apresentando uma resposta crítica ao autor.

A redação e o vestibular

A redação nos chamados grandes vestibulares não é bem o que se apregoa no ensino médio. Para atender ao que a Unicamp, Unesp e USP, por exemplo, pedem a seus futuros alunos, o candidato deve conseguir superar o modelo oferecido pela maioria dos colégios e cursinhos.

Uma redação que siga uma estrutura muito divulgada de introdução, com resumo do assunto abordado, desenvolvimento genérico do tema proposto e conclusão retomando a introdução, consegue no máximo uma nota mediana. Muitas redações mal pontuadas escondem o triste paradoxo de o candidato acreditar que havia feito um bom trabalho.

Antes de tudo, o perfil que as consideradas grandes universidades procuram é o do aluno que tenha algo a dizer. Por exemplo, o tema deste ano da Fuvest, o tempo, exigia uma abstração ao mesmo tempo científica, sociológica e filosófica que não é comum na escola brasileira e não faz parte do cardápio usual dos cursinhos.

A interdisciplinaridade é ainda, numa grande parte das instituições, apenas um motivo para campanhas insossas e românticas sobre o ambiente. Sem conseguir transitar entre as diversas disciplinas para produzir uma dissertação, o candidato pouco tem a oferecer – a não ser ideias mal articuladas entre si, preenchendo um modelo fornecido de antemão. Consequência? Certamente uma nota baixa.

Sobre o tema como o tempo, muitos conseguiriam, nesse último vestibular, citar conceitos de sala de aula como "o tempo é relativo" ou "o passado explica o presente". Contudo é reduzido o número dos que justificariam razoavelmente tais teses fugindo de clichês mal formulados, como "se Hitler tivesse estudado o passado, não teria repetido o erro de Napoleão, ao invadir a Rússia no inverno". Poucos pensariam na possibilidade de Hitler dispor de um armamento superior ao que Napoleão utilizara um século antes. A questão poderia ser não de desconhecimento histórico, mas de orgulho e crença na tecnologia da época.

Outro problema é o modelo de dissertação que se forneceu aos alunos no ensino médio ao longo de sua formação. Trata-se de um modelo muito repetitivo e que não foca no principal: a posição do candidato sobre o assunto. Ao contrário, é comum as aulas de redação incentivarem os alunos a não se posicionarem, esquecendo que uma dissertação é a defesa de um ponto de vista, em um texto que deve transmitir uma imagem de autoria confiável, de maneira que o leitor se sinta motivado a interagir com as ideias expostas.

A dissertação é um texto complexo e para o qual, sem um trabalho interdisciplinar sério, aulas de "redação" apenas oferecem ajuda limitada.

Para transmitir uma imagem de confiabilidade, a dissertação deve apresentar argumentos coerentes entre si e com a realidade. O tema da Unicamp deste ano, por exemplo, solicitava ao aluno posicionar-se a favor da multiplicidade dinâmica que caracteriza as cidades. Isso requer uma postura crítica a partir de um conhecimento cultural razoável, em que a coletânea de textos fornecida ecoaria com a experiência pessoal e com outras leituras feitas pelo aluno.

Os argumentos, por sua vez, deveriam ser apresentados de forma devidamente encadeada. Em muitas redações, verifica-se a presença de conectivos que não estabelecem nenhuma relação com o exposto anteriormente. Um candidato que escreve "há vários tipos de cidade, portanto não podemos afirmar qual é a melhor" desenvolve uma inexistente relação de causa (há vários tipos de cidade) e consequência (não podemos afirmar qual é a melhor).

Pode ser até que não considere conveniente afirmar qual é o melhor "tipo de cidade", pressupondo que tenha definido o que quer dizer com isso, mas a causa certamente não é a que apresenta. Textos sem as devidas relações de causa e consequência, sem a defesa de um ponto de vista de forma coerente ou apenas repetindo em outras palavras os textos da coletânea fornecida não receberão boas notas em grandes vestibulares, mesmo que não apresentem desvios gramaticais.

A Unesp pediu aos candidatos deste ano que dissertassem sobre os estrangeirismos na língua portuguesa. O tema requeria que o candidato tivesse uma postura sobre o assunto. Por exemplo, poderíamos pensar que o português transplantado da Europa para a América se, por um lado, funcionou como uma das bases de nossa unidade política nacional, adaptando as influências estrangeiras à sua realidade, por outro, reproduziu as desigualdades da sociedade brasileira, criando mais uma diferença social entre os que falam bem e os que falam mal.

Em vez da democratização do falar brasileiro da língua portuguesa, o aluno poderia argumentar que há um frequente descaso com a língua na mídia, o que empobrece a comunicação. Esse descaso reforça a postura daqueles que rotulam indiscriminadamente o que vem de fora como superior, manifestando o que aparenta ser um complexo cultural de inferioridade.

Desenvolver um tema como esse requer do vestibulando uma vivência reflexiva e interdisciplinar anterior, que usualmente a escola não lhe forneceu.

A prática da sala de aula de apresentar informações sem reflexão leva o aluno a penar no ato de escrever. A aula-show que faz rir, mas não faz pensar, volta-se mais tarde contra o próprio aluno. Muitos saem do ensino médio sem consciência prática de que para escrever e para falar usamos registros de linguagem diferentes. Como resultado, escrevem textos que seriam mais bem entendidos se fossem lidos em voz alta.

As redações nos vestibulares elucidam a prática curricular em língua portuguesa. Enquanto a escola, particular ou pública, não levar a sério que a prática da escrita não pode se reduzir a uma única disciplina, sujeita a fórmulas mal desenvolvidas, cria-se mais uma exclusão na educação brasileira: a exclusão à palavra escrita, que atinge a todas as camadas sociais.

FONTE: Landeira, 2004.

Vejamos um resumo produzido com base na leitura desse texto:

> A redação no vestibular não é bem isso. Antes de tudo, o perfil que as grandes universidades procuram é o do aluno que tenha algo a dizer. O primeiro problema é que interdisciplinaridade é, ainda, em uma grande parte das instituições, apenas um motivo para campanhas insossas e românticas sobre o ambiente. O modelo de dissertação

> que se forneceu aos alunos no ensino médio ao longo de sua formação é um modelo repetitivo que não foca no principal: a posição do candidato sobre o assunto. Muitos saem do ensino médio sem consciência prática de que para escrever e para falar usamos registros de linguagem diferentes. E em minha opinião, ele tem razão porque a maioria dos brasileiros escreve muito bem, mas não conseguem fazer uma boa prova de vestibular.

Se entendermos resumo como a apropriação sintética da palavra do outro com base no ponto de vista de quem elabora o resumo, encontramos vários problemas no texto acima. Essa exigência não está sendo cumprida. O resumo elaborado pelo aluno apresenta apenas recortes fragmentários do dizer do autor, sem realizar uma síntese de sua totalidade. Se perguntarmos "o que afirma Jorge Luís Landeira sobre a redação e o vestibular?", o resumo tal como está não consegue nos responder. Vejamos as possibilidades de reescrita, respeitando o que disse o autor do texto-base e o que pretendeu sintetizar o autor do resumo.

Podemos iniciar o trabalho de reescrita eliminando informações que não condizem com o texto-base. Observe o último período: "e em minha opinião, ele tem razão porque a maioria dos brasileiros escreve muito bem, mas não conseguem fazer uma boa prova de vestibular." Essa é uma opinião do aluno autor do resumo, o que não seria esperado pela proposta de produção, pois o objetivo inicial era apenas o de elaborar um texto reproduzindo as ideias do autor, não sendo relevante o que pensa o aluno. Além disso, há um certo desencontro de opiniões nessa afirmação, pois em momento nenhum do texto o autor afirma que os brasileiros sabem escrever. Podemos, portanto, eliminar esse período. O restante do resumo parece não apresentar nenhuma informação descartável.

Vamos agora acrescentar informações necessárias. Antes de mais nada, o resumo é reprodução do que afirma um outro autor em um outro texto. É necessário dizer isso ao leitor, fazer esse distanciamento entre as duas vozes. Podemos acrescentar essa informação no início do resumo:

> De acordo com Jorge Luís Landeira, doutorando em Educação pela USP, no artigo *A redação e o vestibular*, publicado em 17.02.2004 no jornal *Folha de S. Paulo*, a redação no vestibular não é bem isso.

Pronto. Dessa forma já fica claro ao leitor que tudo o que será falado será atribuído ao texto desse autor. Observe agora o primeiro período: "A redação no vestibular não é bem isso". Não é bem isso o quê? Não podemos saber com precisão. Esse problema ocorre porque a palavra *isso* precisa de referência explícita, sem a qual pode perder qualquer possibilidade de significado. Ao utilizar essa palavra, a impressão que temos é que o aluno conta com a cooperação dos colegas e do professor que estavam participando da atividade para o preenchimento dos significados implícitos. Entretanto, pode ser que não haja tanta cooperação como a esperada. E, nesse caso, é necessário que se diga o que significa a palavra *isso*. Podemos reescrever assim: "A redação no vestibular não é bem isso que aprendemos durante nossa formação no ensino médio". A expressão "que aprendemos durante nossa formação no ensino médio" completa o sentido da palavra *isso*.

O segundo período aparentemente está bem construído. O problema é a relação que ele estabelece com o terceiro período. Observe que há uma descontinuidade. A afirmação "Antes de tudo, o perfil que as grandes universidades procuram é o do aluno que tenha algo a dizer" pode exigir a explicitação de uma causa (por que procuram esse tipo de aluno), a explicitação do que se entende por "um aluno que tenha algo a dizer" ou a apresentação de estratégias para se formar um aluno que tenha algo a dizer. Entretanto, o terceiro período parece ignorar essas exigências e passa a falar de interdisciplinaridade, apresentando-a como o "primeiro problema", sem que o leitor tenha referências do que significa esse problema.

Na verdade, parece que o aluno pretendia sintetizar os problemas educacionais brasileiros responsáveis pela formação de vestibulandos que nem sempre têm o que dizer. Se for isso, poderia ter dito claramente:

> A redação no vestibular não é bem isso que aprendemos durante nossa formação no ensino médio. Antes de tudo, o perfil que as grandes universidades procuram é o do aluno que tenha algo a dizer. Para isso, seria necessária uma formação interdisciplinar, o que, em grande parte das instituições de ensino médio, não é tratado com medidas efetivas.

Além desse primeiro problema relativo à formação interdisciplinar, o aluno cita outro, o do modelo de escrita que é oferecido durante a escolarização. Há necessidade de ligar essas ideias, o que poderia ser feito assim:

> Além disso ("disso" se refere à formação interdisciplinar), o modelo de dissertação que se forneceu aos alunos no ensino médio ao longo de sua formação é um modelo repetitivo que não foca no principal: a posição do candidato sobre o assunto.

Após apresentar essas duas causas, o aluno apresenta a maior consequência da má formação ofertada durante a educação básica: "Muitos saem do ensino médio sem consciência prática de que para escrever e para falar usamos registros de linguagem diferentes". Dois acréscimos podem ser feitos aqui. O primeiro é a explicitação de que é essa formação frágil que leva aos maus resultados nos vestibulares e o segundo é uma explicação do que seja usar registros de linguagem diferentes:

> A consequência dessas práticas escolares é que muitos saem do ensino médio sem consciência prática de que para escrever e para falar usamos registros de linguagem diferentes, ou seja, o texto escrito exige o domínio de estratégias discursivas distintas daquelas usadas na oralidade.

A reescrita está pronta. Procuramos ser fiéis à voz do autor do texto resumido e à voz do autor do resumo. Antes de considerá-lo finalizado, deveríamos ainda observar se há alguma palavra ou frase que mereça ser substituída e se não há nenhum problema gráfico ou gramatical. Vejamos como ficou o texto:

> De acordo com Jorge Luís Landeira, doutorando em Educação pela USP, no artigo *A redação e o vestibular*, publicado em 17.02.2004 no jornal *Folha de S. Paulo*, a redação no vestibular não é bem isso que aprendemos durante nossa formação no ensino médio. Antes de tudo, o perfil que as grandes universidades procuram é o do aluno que tenha algo a dizer. Para isso, seria necessária uma formação interdisciplinar, o que, em grande parte das instituições de ensino médio, não é tratado com medidas efetivas. Além disso, o modelo de dissertação que se forneceu aos alunos no ensino médio ao longo de sua formação é um modelo repetitivo que não foca no principal: a posição do candidato sobre o assunto. A consequência dessas práticas escolares é que muitos saem do ensino médio sem consciência prática de que para escrever e para falar usamos registros de linguagem diferentes, ou seja, o texto escrito exige o domínio de estratégias discursivas distintas daquelas usadas na oralidade. A formação ruim leva à nota ruim no vestibular.

> ## Para refletir III
>
> O resumo a seguir apresenta problemas de textualidade similares aos analisados no primeiro resumo apresentado. Identifique-os e, por meio das operações de subtração, adição e substituição, reescreva o texto.
>
> "De acordo com Jorge Luis Landeira, no texto A *redação e o vestibular*, a redação no vestibular não é bem o que se ensina durante o ensino médio. Segundo ele, a formação interdisciplinar não existe porque os alunos não têm o que dizer. Apenas decoram e repetem modelos de introdução, desenvolvimento e conclusão sem se posicionarem a respeito do tema proposto. Para falar sobre o tempo tem que saber pensar sobre o tempo e não ficar repetindo clichês de que o passado explica o presente. Enquanto nossas escolas não ensinarem os alunos que se deve escrever de um jeito e falar de outro, não haverá notas boas nos vestibulares."

Carta à coluna do leitor

Após a elaboração do resumo, da apropriação das principais ideias de Jorge Luís Landeira acerca da redação no vestibular, foi proposta aos alunos a escrita de uma carta para ser publicada na coluna do leitor do jornal *Folha de S. Paulo*, em resposta a esse autor. Vamos observar algumas dessas cartas:

A redação e o vestibular

Discordo plenamente com o sr. Jorge Luis Landeira, pois os cursinhos preparam muito bem os alunos para execução de vestibulares, fazendo o que podem e o que não podem. A estrutura do sistema formativo brasileiro é que não é adequada. Em nome da democracia e do livre direito de acesso ao saber, cumpre ao poder público lançar diretrizes para o letramento linguístico populacional.
Não convém ficar criticando o nobre trabalho dos professores dos cursinhos.

Maria Cândida Cerqueira
Aluno do 1º ano de Letras

A autora cumpre a proposta de produção textual, apresenta uma crítica a Jorge Luis Landeira através de um modelo típico do gênero *carta de leitor*. Agindo cooperativamente, podemos compreendê-la e até aceitar a crítica que procura fazer ao sistema educacional brasileiro. Entretanto, como analistas de língua, encontramos alguns problemas de textualidade referentes principalmente ao uso de determinadas expressões com sentido obscuro. Parece-nos que a expressão "execução de vestibulares" poderia ser substituída tranquilamente por "participação em vestibulares"; a construção "a estrutura do sistema formativo brasileiro" poderia ser substituída pela expressão "sistema educacional brasileiro"; a expressão "o letramento linguístico populacional" poderia ser substituído por "o ensino da leitura e da escrita". Observe como essas simples substituições podem tornar o texto mais claro. Muitas vezes o estudante tem a ilusão de que escrever bem é utilizar "palavras difíceis". É comum alunos que estão iniciando cursos de graduação desejarem mostrar erudição retórica. Como não dominam inteiramente o jargão técnico-científico da área em que estão ingressando, acabam fazendo uso inadequado de certas palavras. Isso também ocorre com profissionais mal formados que desejam impressionar o cliente, como é o estereótipo de advogados falastrões. Jamais devemos usar em um texto palavras cujo significado não seja de nosso domínio.

Há um problema de ordem gramatical nesse texto que merece consideração. Trata-se do uso da preposição *com* exigida pelo verbo *discordar* na primeira linha. Como o verbo *concordar* é regido pela preposição *com*, dizemos que quem concorda, concorda com alguém ou com alguma coisa. O autor da frase usa essa mesma regência para o verbo *discordar*, o qual, entretanto, é regido pela preposição *de*, ou seja, quem discorda, discorda de alguém ou de alguma coisa.

Vamos analisar agora outra carta:

A redação e o vestibular

Gostaria de parabenizar o autor Jorge Luís Landeira por suas considerações a respeito das práticas de escrita em nossas escolas no texto *A redação e o vestibular*. Na verdade, para escrever bem, não basta apenas o domínio de modelos textuais. Para se escrever um bom texto, é necessário que se tenha o que dizer, e esse é o problema de nossos jovens vestibulandos. Habituados a apertar botões de controle remoto e a permanecer durante horas e mais horas em frente a aparelhos de tevê, eles se mantêm cada dia mais alienados.

> Fico feliz e cheia de esperanças em saber que os professores de nossos cursinhos investem tantos esforços para suprir as deficiências escolares, ensinando a esses jovens o modelo de língua que lhes possibilitará o desenvolvimento e a aprovação em vestibulares.
>
> Josefa Fernandes de Machado

Embora esse texto não apresente nenhum tipo de problema gráfico ou gramatical, sua textualidade está comprometida por causa da incoerência. O eventual leitor do jornal que tenha lido o texto de Jorge Luís Landeira ficaria confuso diante da posição de Josefa. Afinal, o que ela pensa a respeito das afirmações de Landeira? Inicialmente ela afirma concordar com ele, parabenizando-o e reafirmando a ideia de que o domínio de modelos textuais não basta para a produção de um bom texto. Entretanto, após um comentário preconceituoso sobre a dinâmica de vida dos jovens, ela afirma estar feliz porque os professores de cursinho ensinam modelos de língua aos jovens. Ou ela acha que modelos não garantem boa formação linguística, ou ela acha que os modelos devem ser ensinados. O que não é possível é afirmar as duas coisas simultaneamente. Ela poderia resolver isso adicionando a expressão "se entristece" ao ver "os professores de nossos cursinhos investindo tantos esforços para...". Mas para isso, antes de mais nada, ela deve ter claro o que pensa a respeito da posição de Landeira.

Para refletir IV

O texto a seguir foi produzido no mesmo contexto dos dois anteriores. Procure detectar os eventuais problemas de textualidade e, se possível, reescrevê-lo. Observe que o principal problema desse texto parece ser o leitor visado. O autor parece não ter como interlocutor o leitor de jornal, mas o professor e os colegas de classe.

"Isso é um absurdo. A gente estuda a vida inteira uma coisa. A gente se esforça pra aprender. Depois, quando a gente passa no vestibular e finalmente chega na faculdade, vem um professor dizer que o que a gente aprendeu está tudo errado. Não é justo ficar dizendo que a gente não sabe escrever.

Cada um sabe escrever do seu jeito. Quem quiser fazer um texto com três parágrafos, um para introdução, outro para desenvolvimento e o último para conclusão, retomando a introdução, que faça! Quem não quiser, que não faça! O que não dá pra aceitar são essas críticas ao nosso jeito de escrever."

Pedro de Vasconcelos
Aluno do 1º ano de Letras

Abstract

Vejamos, agora, um trabalho de reescrita do seguinte *abstract* de artigo científico:

> Neste artigo, nosso objetivo é analisar a obra de Machado de Assis sob uma perspectiva discursiva da linguagem. Inicialmente apresentamos uma leitura da figura feminina no livro *Dom Casmurro*, mais especificamente a personagem Capitu. Em seguida, comparamos o papel dessa personagem ao papel de outras personagens de Machado de Assis. A conclusão a que chegamos é que na obra desse autor a mulher adquire autonomia e sobrepõe a sua vontade à do homem.

O *abstract* deve oferecer ao leitor uma síntese clara do artigo que está sendo apresentado, dizendo qual é o seu tema, quais são os objetivos, qual é o referencial teórico em que se fundamenta, qual é o objeto de análise, qual é a metodologia utilizada e quais são as conclusões atingidas. Sabemos que o artigo científico é um texto dirigido a uma comunidade de leitores específicos, estudantes ou especialistas de uma determinada comunidade científica.

Um *abstract* bem elaborado facilita a interação entre os membros dessa comunidade, pois através dele é possível ao leitor saber o que está sendo pesquisado em sua área e fazer a seleção dos artigos que deve ler integralmente. O *abstract*, portanto, não pode ser lacônico ou pouco claro. E é esse o problema apresentado no texto acima. Vejamos.

Quando o autor diz que o objetivo é "analisar a obra de

Machado de Assis", esquece de dizer o que da obra de Machado de Assis será analisado. Trata-se de uma obra extremamente complexa e passível de múltiplas e diferentes análises, sob diferentes perspectivas teóricas. Ficaria mais claro, por exemplo, se o autor dissesse que iria analisar a representação do gênero feminino na obra de Machado de Assis. Essa delimitação tornaria o enunciado menos abrangente e, por isso, um pouco mais claro.

Além disso, ainda há outra informação bastante vaga. Pelo *abstract*, o leitor não sabe se será apresentada uma análise de toda a obra de Machado de Assis ou se de apenas uma parte dela. Sabemos que Machado de Assis escreveu muitos romances, contos, poesias e crônicas, em diferentes períodos literários. Sua obra é multifacetada. Para maior clareza, seria necessário dizer qual é a parcela dessa obra que será objeto de análise. Poderia ser dito que seriam enfocados os romances da sua fase realista, a trilogia *Memórias póstumas de Brás Cubas*, *Quincas Borba* e *Dom Casmurro*.

Em seguida, o *abstract* apresenta como viés teórico de análise "uma perspectiva discursiva". Mais uma vez o texto é pouco preciso. Os especialistas dessa área de estudo sabem muito bem que existem várias concepções discursivas da linguagem. Para eles, é necessário dizer a qual perspectiva teórica da análise do discurso o autor está fazendo referência. Por exemplo: "[...] uma perspectiva discursiva da linguagem, de acordo com pressupostos de Mikhail Bakhtin (1981)". Observe que agora há o nome do teórico e o da obra em que está expressa essa teoria, o que ajuda o leitor a se localizar melhor. É provável que estudiosos de outras teorias do discurso se abstenham de fazer a leitura integral, pois não seria interessante para os estudos que desenvolvem.

Na sequência, após dizer que irá enfocar a personagem Capitu, de *Dom Casmurro*, mais uma vez o *abstract* oferece uma informação abrangente e pouco precisa: "outras personagens de Machado de Assis". Quais seriam elas? Deveria haver essa identificação, pois tanto Helena quanto Virgínia são personagens machadianas, mas seria impossível catalogá-las sob a égide de uma mesma concepção de feminino, haja vista a primeira ser representante típica da escola romântica, enquanto a segunda se enquadra na perspectiva realista.

Considerando esses aspectos, vejamos uma possível reescrita:

> Neste artigo, nosso objetivo é analisar a construção da figura feminina presente na trilogia realista de Machado de Assis – *Memórias Póstumas de Brás Cubas, Quincas Borba e Dom Casmurro*. Adotamos como viés de análise a perspectiva discursiva da linguagem desenvolvida por Mikhail Bakhtin (1981). Inicialmente apresentamos as estratégias narrativas de construção de uma figura feminina no livro *Dom Casmurro*, mais especificamente a personagem Capitu, com a qual, em seguida, comparamos a construção de personagens de *Quincas Borba* e de *Memórias póstumas de Brás Cubas*. A conclusão a que chegamos é que nessas três obras desse autor a mulher adquire autonomia e sobrepõe a sua vontade à do homem.

Notícia de jornal (laconismo e incoerência)

A seguir, encontramos um texto escrito pretensamente para ser publicado como notícia de jornal:

> **Finalmente concluído**
>
> Depois de muitas controvérsias, o governo do estado finalmente sancionou o novo plano de cargos e salários para os servidores da educação. O presidente do sindicato dos professores comemorou: "Esse era um sonho antigo da categoria. Agora teremos condições mais adequadas para exercer nossa profissão com dignidade. Quem ganha com isso é a população em geral". De acordo com o novo plano, os professores poderão ter seus salários aumentados em até 50% e terão a carga horária de trabalho em sala de aula reduzida. A categoria se mobilizará para que a sanção do projeto ocorra nos próximos meses.

A exemplo do que ocorre com o *abstract* analisado anteriormente, esse texto também é excessivamente lacônico. Um leitor que não acompanhe os noticiários locais e que não viva o dia a dia das discussões político-administrativas acerca da educação provavelmente não entenda o que esteja acontecendo. Isso ocorre por dois motivos: o texto não traz todas as informações necessárias e apresenta duas informações antagônicas entre si, gerando incoerência.

Com relação à escassez de informações, observe que o título já é construído de forma inadequada, pois é muito genérico e pode se referir a qualquer espécie de acontecimento que tenha sido concluído. O leitor teria que ser um adivinho para descobrir que o acontecimento noticiado é a aprovação do plano de cargos e salários dos professores. No corpo do texto, há referência a "controvérsias", as quais não são explicitadas. Da mesma forma, também não são informados o estado em que ocorreu o episódio, a data da ocorrência, o nome do presidente do sindicato nem quanto e de que forma a carga horária de trabalho será reduzida. O autor desse texto parece nutrir a expectativa de um leitor cooperativo que tenha conhecimento prévio dessas informações e por isso não as apresenta, o que pode ser um equívoco prejudicial à textualidade se o leitor não corresponder às suas expectativas.

Com relação à incoerência, observe o último período: "A categoria se mobilizará para que a sanção do projeto ocorra nos próximos meses". Essa afirmação contradiz a informação apresentada no início do texto: "o governo do estado finalmente sancionou o novo plano de cargos e salários para os servidores da educação". Afinal, o plano foi ou não sancionado? Essa dubiedade de sentido provocada pela apresentação de informações contraditórias inibe a compreensão de qualquer leitor. Os professores já foram ou ainda serão contemplados com esses benefícios? A impressão que dá ao analista é que o redator não conhece o significado da palavra *sancionar* e, por isso, usa-a indevidamente.

Poderíamos reescrever esse texto da seguinte forma:

Aprovado Plano de Cargos e Salários para educação*

(CURITIBA-PR) O governador do estado sancionou na tarde de ontem, 14.04.1981, o novo plano de cargos e salários para o quadro de servidores da educação. Segundo o presidente do Sindicato dos Professores, Denival Soares, esse era um sonho antigo da categoria: "Agora teremos condições mais adequadas para exercer nossa profissão com dignidade. Quem ganha com isso é a população em geral", comemorou ele. De acordo com o novo plano, os professores poderão ter aumento real em seus salários de até 50% nos próximos anos, além de terem a carga horária de trabalho reduzida em sala, uma vez que 25% do horário de aula será destinado a atividades de estudo, preparação de aula e correção de provas. A categoria estará mobilizada, de acordo com Denival Soares, para que sejam tomadas todas as medidas necessárias para efetivação integral do novo plano.

* As informações apresentadas neste texto são fictícias.

Entendemos que o texto ficou melhor assim. Procuramos resolver problemas de ausência de informações e de incoerência. Vejamos agora um outro problema: a redundância.

Textos escolares – repetição de informações

A redundância é geralmente ocasionada pela ausência de progressão textual. O texto a seguir foi produzido em ambiente de sala de aula. É de autoria de um estudante do ensino médio. A proposta de produção consistia na escrita de um texto em que o aluno deveria se posicionar acerca da ação da gerência de um grande *shopping center* da cidade de Curitiba* ao não permitir a entrada de jovens de bairros da periferia nesse local, sob a alegação de que eles poderiam causar desordens e assustar os consumidores.

> Na minha opinião, os guardas estão corretos, porque chegam 150 pessoas, todas ou a maioria bêbados querendo entrar em um *shopping*, os guardas estão mais do que corretos em não deixá-las entrar. Certamente essas pessoas estavam querendo arrumar confusão, não estavam lá para se divertir ou conhecer o lugar, pois como a repórter colocou em seu texto tinham pessoas com bebidas alcoólicas em mãos, como pessoas querem entrar em um *shopping* alcoolizadas? Se elas não estivessem embriagadas elas poderiam entrar. Os guardas agiram corretamente em minha opinião.

Observe que o texto repete inúmeras vezes a ideia de que os jovens estavam alcoolizados e que os guardas agiram corretamente. Como afirmamos no capítulo dois, trata-se de uma estratégia de "preenchimento de folha", típica do autor de texto que não tem o que dizer sobre o tema que lhe é sugerido. Podemos suprimir as repetições sem prejudicar ou subverter o conteúdo textual:

---

* Episódio ocorrido durante o mês de maio de 2008, na cidade de Curitiba, amplamente divulgado pela mídia impressa local.

> Na minha opinião, os guardas estão corretos em não deixá-las entrar no *shopping*, porque chegam 150 pessoas, todas ou a maioria bêbadas, querendo entrar, certamente estavam querendo arrumar confusão, não estavam lá para se divertir ou conhecer o lugar. Poderiam entrar se não estivessem alcoolizadas.

O próximo texto, encontrado em um trabalho de conclusão de curso de graduação (TCC), também apresenta uma mesma ideia repetida por meio de outras palavras:

> A ciência, em seu paradigma tradicional, é pautada pela busca de objetividade, universalidade, previsibilidade e controle. Dessa forma, fazer ciência por esse paradigma é evitar a subjetividade, a particularidade e a imprevisibilidade. Isso porque, nessa perspectiva, a ciência deve refutar opiniões do sujeito pesquisador, bem como singularidades impossíveis de serem generalizadas e, ainda, acontecimentos apenas circunstanciais e não recorrentes, impossíveis de serem controlados... Fazer ciência é lidar com o empírico de forma objetiva, buscando conhecer a totalidade dos fenômenos e controlá-los com rigor.

No texto seguinte, o autor defende uma tese e a justifica através de sua repetição. Há ausência de progressão textual:

> O domínio da língua escrita ainda é um dos principais instrumentos de acesso às esferas mais elevadas do poder político, isso porque é ela que possibilita o acesso aos contextos sociais em que são tomadas decisões políticas.

> ## Para refletir V
>
> Como atividade, procure reescrever os dois últimos textos apresentados anteriormente, eliminando as redundâncias.

Pontuação e paragrafação

Um problema que não chega a comprometer a textualidade, mas que pode provocar dificuldades na leitura, está relacionado ao uso de parágrafos e sinais de pontuação. O escritor português José Saramago constrói parágrafos enormes e não marca as falas de seus personagens com o sinal de travessão ou com as aspas. Embora acabe criando efeitos de sentido interessantes, esse escritor é muito criticado em razão das dificuldades encontradas por leitores iniciantes em compreender seus textos. O fato é que a paragrafação e os sinais de pontuação conferem expressividade ao texto e auxiliam o leitor no trabalho de compreensão. Vejamos o seguinte texto:

> O professor levantou bem cedo porque ele morava longe da escola à qual tinha que chegar antes das 7h15min senão a direção, os pais e os colegas que eram exigentes reclamariam de seu atraso e portanto ele poderia acabar perdendo o emprego com o qual sustentava a família que era inteiramente dependente dele. Não era fácil levantar aquela hora em que ainda estava escuro e o frio era intenso e depois ter que viajar durante quase duas horas as quais pareciam ser eternas para depois, em seguida à chegada, entrar na sala que estava sempre cheia de alunos que não tinham interesse e dar uma boa aula.

Se dividirmos o texto em parágrafos e reduzirmos o tamanho dos períodos, eliminando alguns conectivos coesivos e utilizando sinais de pontuação, poderemos criar um estilo que torna a leitura mais ágil:

> O professor levantou bem cedo. Ele morava longe da escola. Tinha que chegar antes das 7h15min. A direção, os pais e os colegas eram exigentes. Eles reclamariam do atraso. Ele poderia acabar perdendo o emprego. E sua família, inteiramente dependente, perderia a fonte de seu sustento.
>
> Não era fácil levantar àquela hora. Ainda estava escuro. O frio era intenso. Tinha que viajar quase duas horas. Elas pareciam eternas. Chegava à escola. Em seguida tinha que entrar em uma sala sempre cheia. Os alunos não tinham interesse. Mas ele tinha que dar uma boa aula.

As possibilidades de reorganização de parágrafos e frases são inúmeras, dependem de todos os fatores de textualidade que estamos estudando, do estilo do gênero e do estilo individual. Temos que ter sempre em vista quais são os objetivos de nosso texto e em que contexto interlocutivo ele se insere. Ao lado disso, sempre é bom dar uma olhada nas regras de utilização dos sinais de pontuação encontradas em gramáticas normativas e em manuais de escrita.

Para refletir VI

Procure na internet, em um *site* de língua portuguesa, algumas regras para o emprego de sinais de pontuação. O emprego equivocado de algum sinal pode gerar efeitos de sentido indesejados. Explique o processo de um dos casos encontrados.

Elementos coesivos

Outro problema bastante encontrado em textos diz respeito à utilização de elementos coesivos, os quais estabelecem relações lógicas entre as partes dos enunciados. São problemas de ordem coesiva, conforme vimos no segundo capítulo, que prejudicam toda a semântica textual. Entre esses conectivos, podemos destacar as conjunções, os pronomes relativos, os pronomes pessoais, os pronomes demonstrativos, os pronomes possessivos, as expressões temporais e alguns casos de concordância e de regência.

O propósito deste tópico é chamar a atenção para essa questão, sem, entretanto, desenvolver um estudo exaustivo sobre ela. Seria interessante se você consultasse uma obra de linguística textual que trata especificamente de articulação coesiva do texto*. Paralelamente a isso, você deve estar sempre atento para as palavras que usar para estabelecer relações entre as partes do texto. Veremos, a seguir, alguns exemplos de enunciados com duplo sentido consequente do uso de alguns desses conectivos. Contudo, sempre é de bom tom lembrar que a duplicidade de sentido frasal possivelmente seria esvaecida pelo contexto em que os enunciados foram produzidos:

a. Eis a estratégia fundamental de nossos políticos, que todos nós temos que admirar sem reservas.
b. Permaneceu calado o advogado da empresa que todos pichavam.
c. O conjunto em que eu toco agora ensaia todos os dias.
d. A linguagem desses oradores reflete sua falta de objetivo.

---

* Uma obra clássica sobre esse tema é *A coesão textual*, de Koch (1992).

e. Os diretores solicitaram às secretárias que lhes entregassem seus documentos.

f. Acompanhamos a moça de sapatos até o outro lado da cidade.

g. O PT se desentendeu com o PSDB por causa da sua proposta salarial.

> ## Para refletir VII
>
> Embora possa ser pouco visível, muitos falantes do português, em razão de desenvolverem poucas atividades de leitura, de escrita e de análise de língua, demonstram dificuldades para compreender alguns operadores lógicos muito frequentes em textos escritos. Entre esses operadores, vamos destacar as expressões *mas, porém, contudo, no entanto, e, só, portanto, logo, daí, então, por isso, pois, ou, ora, embora, apesar de* e *além de*. Escolha um texto qualquer. Pode ser uma parte deste livro que você está lendo. Em seguida, grife essas expressões todas as vezes em que aparecerem. Então, tente explicar o sentido que elas estabelecem entre as partes do texto que estão ligando. Procure, finalmente, substituí-las por sinônimos.

Síntese

Ao listarmos os exemplos vistos neste capítulo, não nos preocupamos em estabelecer uma taxionomia de problemas textuais a serem sanados no momento da reescrita. Nosso objetivo foi chamar a atenção sobre a necessidade de analisarmos, avaliarmos e reescrevermos nossos textos considerando todos os fatores envolvidos em seu processo de produção. Esse processo, como vimos no primeiro capítulo, é de natureza histórica. Portanto, ao mesmo tempo que determinados problemas são recorrentes, outros se caracterizam por extrema singularidade, e é a partir dessa singularidade que devem ser compreendidos.

Atividades de autoavaliação

1. Podemos considerar como etapas fundamentais da escrita:
a. Pensamento, reflexão sobre o vivido, transposição do pensamento.
b. Preparação para a escrita (leitura, reflexão, pesquisa), escrita, re-escrita, publicação.
c. Leitura e produção.
d. Pensamento, ação, reflexão.

2. A escrita é:
a. uma atividade que depende exclusivamente da intuição e da criatividade do autor.
b. uma atividade vinculada a outras atividades sociais.
c. uma atividade em que o sujeito trabalha com e sobre a linguagem, no intuito de construir o seu dizer a um leitor determinado.
d. uma atividade mimética.

3. Quando vamos reescrever um texto, devemos observar principalmente:
a. se não existem problemas gramaticais, ou seja, se a ortografia, a concordância verbal e nominal e o emprego de sinais de pontuação estão corretos.

b. se foram apresentadas todas as informações possíveis de serem apresentadas sobre o tema enfocado.
c. se o texto diz o que gostaríamos de dizer de forma que o nosso leitor possa compreendê-lo como gostaríamos que fosse compreendido.
d. se há coesão e coerência.

4. As três operações envolvidas no processo de reescrita são:
a. ação, reflexão e retomada da ação.
b. leitura, releitura e reescrita.
c. paragrafação, pontuação e coesão.
d. subtração, adição e substituição.

5. Observe o texto a seguir:

Existe entre o Céu e a Terra coisas que não podemos esplicar. Os cientistas, são homens do mesmo jeito que os outros. Portanto eles não pensam como os outros. Acham que são maior do que Deus e, as vezes, chegam até a ignorar ele.

De acordo com a adequação à norma padrão e a fatores de coesão textual, esse texto apresenta os seguintes problemas:
a. Concordância verbal e nominal, colocação pronominal, pontuação, uso de conjunção e ortografia.
b. Pontuação, coerência, coesão, progressão e continuidade.
c. Pontuação, ortografia e concordância.
d. Regência, colocação pronominal, uso de conjunção e ortografia.

Atividades de aprendizagem

Questões para reflexão

1. O texto a seguir é um comunicado que uma pedagoga de uma escola faz aos pais dos alunos. Procure identificar os problemas de textualidade que ele apresenta e reescreva-o de forma adequada.

> Senhores Pais ou Responsáveis,
>
> Novamente estamos informando o grande número de alunos chegando aos o horário determinado para o início da aula: Manhã 7:30, Tarde 13:00. Lembramos que a tolerância de 15 min. De atraso é específica para aluno trabalhador (noturno). Solicitamos a observação com relação a chegada do horário de seu filho, para que possamos estar realizando um bom trabalho. Já estamos notificando os pais, conforme determinação do Ministério Público.
>
> Atenciosamente
>
> Equipe Pedagógica

3. Faltam algumas informações no texto a seguir para que ele seja aceito como notícia a ser publicada em um jornal impresso. Verifique quais informações estão faltando. Imagine-as a seu gosto. Reescreva o texto como se fosse uma notícia a ser publicada em um jornal da comunidade em que você vive.

> Homem é pregado na cruz
>
> Ontem pela manhã, Sábado de Aleluia, José Américo da Silva apareceu pregado em uma cruz na praça central da cidade. Segundo apurou essa reportagem junto ao delegado de plantão, esta foi uma forma que José encontrou para manifestar sua fé cristã. Temos notícias de que em alguns países essa é uma prática comum entre os fiéis católicos. O caso continuará sendo investigado nos próximos dias.

Atividade aplicada: prática

1. Os enunciados reproduzidos a seguir foram publicados amplamente em diferentes *sites* da internet durante o ano passado. São chamados *Pérolas do Enem**. Há nesse tipo de divulgação uma tentativa zombeteira (e pouco ética) de provocar o riso. Na verdade, o efeito de humor provocado por esses enunciados é resultante da desestabilização que apresentam da própria linguagem, ou seja, são enunciados que fogem da lógica a que estamos habituados. Como exercício, procure identificar o que torna esses enunciados engraçados e reescreva-os, tornando-os aceitáveis.
   a. "Não cei se o presidente está melhorando as indiferenças sociais ou promovendo o sarneamento dos pobres. Me pré-ocupa o avanço regressivo da violência urbana".

---

* Enem – Exame Nacional do Ensino Médio: avaliação anual realizada pelo Ministério da Educação para mensurar o nível de aprendizagem de concluintes do ensino médio.

b. "Fidel Castro liderou a revolução industrial de 1917, que criou o comunismo na Rússia".
c. "O convento da Penha foi construído no século 16 mas só no céculo 17 foi levado definitivamente para o alto do morro".
d. "A história se divide em quatro: Antiga, Média, Momentânea e Futura, a mais estudada hoje".
e. "Os índios sacrificavam os filhos que nasciam mortos matando todos assim que nasciam".
f. "Bigamia era uma espécie de carroça dos gladiadores, puxada por dois cavalos".
g. "No começo Vila Velha era muito atrasada mas com o tempo foi se sifilizando".
h. "Os pagãos não gostavam quando Deus pregava suas doutrinas e tiveram a ideia de eliminá-lo da face do céu".
i. "Ateísmo é uma religião anônima praticada escondido. Na época de Nero, os romanos ateus reuniram-se para rezar nas catatumbas cristãs".
j. "Os egípcios desenvolveram a arte das múmias para os mortos poderem viver mais".

{

considerações finais

❰ ESPERAMOS TER CUMPRIDO a promessa inicial e ter oferecido instrumentos conceituais, objetos de análise e exercícios de reflexão que o tenham levado a uma compreensão mais elaborada do que seja a escrita e de quais são seus princípios de funcionamento. É óbvio que fizemos recortes, que entre o que dissemos e o que poderia ser dito há uma distância muito grande. Esse recorte, entretanto, é da natureza de todo enunciado. O que dissemos foi o que julgamos ser pertinente na precariedade e provisoriedade desse contexto de interlocução, de acordo com nossas limitações e com as ideias que fazemos de nossos leitores.

A partir do que dissemos, passamos a contar com as contrapalavras do leitor. Esperamos que suas respostas, contestatórias e críticas, preencham entrelinhas, lacunas e faltas, corrijam lapsos e deem voz ao que foi silenciado. E, nesse diálogo possível, esperamos que o livro se conclua e se abra para novos enunciados, pois é o diálogo a realidade essencial da linguagem, cuja natureza é a criatividade.

O diálogo que se iniciou neste livro, portanto, não pode se esgotar nele. Como afirmamos, a produção de textos, orais ou escritos, é resultado da inserção efetiva do sujeito em instâncias de interação. É a relação amorosa que mantemos com as palavras do outro, procurando compreendê-las no emaranhado dos elos da infinita cadeia verbal, que nos faz nos posicionar, construir e reconstruir nossas próprias respostas, definindo-nos e recriando-nos como sujeitos. Dizer que o único meio de aprender a escrever é lendo e escrevendo soa como clichê, entretanto esse é mesmo o único caminho. Nossa expectativa a partir de agora é ler os textos produzidos por nossos leitores.

referências

ALENCAR, J. de. Iracema. 2. ed. São Paulo: FTD, 1992.

ALVES, A. Eu não sei falar português. Gazeta do Povo, Curitiba, p. 11, 31 mar. 2008.

ANDRADE, M. de. Macunaíma, o herói sem nenhum caráter. 16. ed. São Paulo: M. Fontes, 1978.

BAGNO, M. Dramática da língua portuguesa. São Paulo: Loyola, 2000.

_____. Língua de Eulália: novela sociolinguística. São Paulo: Contexto, 1997.

_____. Português brasileiro? Um convite à pesquisa. São Paulo: Parábola, 2001.

_____. Preconceito linguístico: o que é, como se faz. São Paulo: Loyola, 1999.

BEAUGRANDE, R. de; DRESSLER, W. Introduction to text linguistics. London: Logman, 1981.

BERNARDES, C. Rememórias dois. Goiânia: Leal, 1969.

BEZERRA, M. A. Por que cartas do leitor na sala de aula. In: DIONISIO, Â. P.; MACHADO, A. R.; BEZERRA, M. A. (Org.). Gêneros textuais e ensino. Rio de Janeiro: Lucerna, 2005.

BONINI, A. Resenha. Linguagem em (Dis)curso, Florianópolis, v. 5, n. 2, 2005. Disponível em: <http://www3.unisul.br/paginas/ensino/pos/linguagem/0502/08.htm>. Acesso em: 23 jan. 2009.

BORGES, J. L. O pensamento vivo. São Paulo: Martin Claret, 1987.

BORTONI-RICARDO, S. M. Educação em língua materna: a sociolinguística na sala de aula. São Paulo: Parábola, 2004.

CABRAL, E. Esta abelha tem juízo. Época, São Paulo, ed. 517, p. 136, 12 abr. 2008. Seção Mente Aberta.

CAMPOS, F. de; DOLHNIKOFF, M. Atlas História do Brasil. São Paulo: Scipione, 1997.

CAMINHA, P. V. de. Carta a el-rei dom Manuel sobre o achamento do Brasil. Lisboa: Imprensa Nacional, 1974. p. 31-57.

CARVALHO, G. de. Gênero como ação social em Miller e Bazerman: o conceito, uma sugestão metodológica e um exemplo de aplicação. In: MEURER, J. L.; BONINI, A.; MOTTA-ROTH, D. (Org.). Gêneros: teorias, métodos, debates. São Paulo: Parábola, 2005.

COSTA VAL, M. da G. Redação e textualidade. São Paulo: M. Fontes, 1991.

COUTINHO, I. de L. Pontos de gramática histórica. 7. ed. Rio de Janeiro: Ao Livro Técnico, 1976.

DÁVILA, S. Em "Scoop", Woody Allen retoma humor. Folha de S. Paulo, 1º ago. 2006. Disponível em: <http://www1.folha.uol.com.br/fsp/ilustrad/fq0108200611.htm>. Acesso em: 23 jan. 2009.

FARACO, C. A. Estrangeirismos: guerras em torno da língua. São Paulo: Parábola, 2001.

_____. Deixemos a língua em paz. Gazeta do Povo, Curitiba, 17 jul. 2009. Opinião. Disponível em: <http://portal.rpc.com.br/gazetadopovo/opiniao/conteudo.phtml?tl=1&id=906103&tit=Deixemos-a-lingua-em-paz>. Acesso em: 07 ago. 2009.

FRANCHI, C. Linguagem: atividade constitutiva. Cadernos de Estudos Linguísticos, Campinas, n. 22, p. 9-39, jan./jun. 1992.

GERALDI, J. W. (Org.). O texto na sala de aula: leitura e produção. Cascavel: Assoeste, 1984.

_____. Portos de passagem. São Paulo: M. Fontes, 1991.

_____. Linguagem e ensino: exercícios de militância e divulgação. Campinas: ALB; Mercado de Letras, 1996.

HALLIDAY, M. A. K.; HASAN, R. Cohesion in english. London: Logman, 1976.

HARTMANN, S. H. de G. Estilo e singularidade: um caso de gêmeos idênticos. 2007. Dissertação (Mestrado em Estudos Linguísticos) – Departamento de Pós-Graduação em Letras, Universidade Federal do Paraná, Curitiba, 2007.

HOUAISS, A.; VILLAR, M. de S.; FRANCO, F. M. de M. Dicionário Houaiss da língua portuguesa. Rio de Janeiro: Objetiva, 2001. p. 2421.

JESUS, C. A. Reescrevendo o texto: a higienização da escrita. In: GERALDI, J. V.; CITELLI, B. Aprender e ensinar com textos de alunos. 3. ed. São Paulo: Cortez, 2000.

KENSKI, R. Faz bem para a pele. Superinteressante, São Paulo, n. 177, jun. 2002a.

_____. Língua plesa. Superinteressante, São Paulo, n. 177, jun. 2002b.

KOCH, I. G. V. A coesão textual. 5. ed. São Paulo: Contexto, 1992.

KOCH, I. G. V.; TRAVAGLIA, L. C. A coerência textual. 2. ed. São Paulo: Contexto, 1991.

KUHN, T. S. A estrutura das revoluções científicas. 5. ed. São Paulo: Perspectiva, 1997.

LANDEIRA, J. L. A redação e o vestibular. Folha de S. Paulo, 17 fev. 2004. Sinapse.

LENNINGTON, S. O efeito da água benta no crescimento das plantas. Trad. José Carlos Paes de Almeida Filho. Psychological Reports, [S.l.], n. 41, p. 381-392, 2000.

LUFT, C. P. Língua e liberdade: o gigolô das palavras. Porto Alegre: L&PM, 1985.

MACHADO, A. R.; LOUSADA, E.; ABREU-TARDELLI, L. S. Resenha. 6. ed. São Paulo: Parábola, 2008.

MARCUSCHI, L. A. Da fala para a escrita: atividades de retextualização. 7. ed. São Paulo: Cortez, 2006.

_____. A questão do suporte dos gêneros textuais. Língua, linguística e literatura, João Pessoa, v. 1, n. 1, 2003, p. 9-40. Disponível em: <http://bbs,metalink.com.br/~lcoscarelli/GEsuporte.doc>. Acesso em: 12 jul. 2009.

_____. Gêneros textuais: definição e funcionalidade. In: DIONISIO, Â. P.; MACHADO, A. R.; BEZERRA, M. A. (Org.). Gêneros textuais e ensino. Rio de Janeiro: Lucerna, 2005.

_____. Letramento e oralidade no contexto das práticas sociais e eventos comunicativos. In: SIGNORINI, I. (Org.). Investigando a relação oral/escrito e as teorias do letramento. Campinas: Mercado de Letras, 2001. (Ideias sobre Linguagem).

MATOS, F. C. G. de. Notas sobre livros. Delta, São Paulo, v. 21, n. 2, jul./dez. 2005. Disponível em: <http://www.scielo.br/scielo.php?script=sci_arttext&pid=S0102-44502005000200009&lng=pt&nrm=iso&tlng=pt>. Acesso em: 23 jan. 2009.

MEDIAÇÃO. Dicas e indicações. Curitiba, n. 6, ano 2, 2006.

MICHAELIS: moderno dicionário da língua portuguesa. Disponível em: < http://michaelis.uol.com.br/moderno/portugues/index.php>. Acesso em: 24 jun. 2009.

MORAES, A. E. de. Educação, sim, violência e indisciplina, não. Folha de S. Paulo, 26 jun. 2005. Opinião. Disponível em: <http://www.folha.uol.com.br/fsp/opiniao/fz2606200506.htm>. Acesso em: 28 maio 2008.

MOYSÉS, M. A. A. A institucionalização invisível: crianças que não aprendem na escola. Campinas: Mercado de Letras, 2001.

NETTO, I. B. Elogiemos os Homens ilustres. Gazeta do Povo, Curitiba, 6 dez. 2009. Caderno G, p. 7.

PÉCORA, A. Problemas de redação. São Paulo: M. Fontes, 1983.

POSSENTI, S. Os humores da língua. São Paulo: Mercado de Letras, 1999.

_____. Por que (não) ensinar gramática na escola. São Paulo: Mercado de Letras, 1996.

PROFESSORES, pedagogos e diretores se reúnem para discutir violência nas escolas. Gazeta do Povo, Curitiba, 27 mar. 2007. Disponível em: < http://portal.rpc.com.br/gazetadopovo/parana/conteudo.phtml?id=648145>. Acesso em: 23 jan. 2009.

RIBEIRO, D. Duas leis reitoras. Folha de S. Paulo, 2 out. 1995. Opinião.

RODRIGUES, R. H. Os gêneros do discurso na perspectiva dialógica da linguagem: a abordagem de Bakhtin. In: MEURER, J. L.; BONINI, A.; MOTRA-ROTH, D. (Org.). Gêneros: teorias, métodos, debates. São Paulo: Parábola, 2005.

SANTAROSA, S. D. A ética como tema nas pesquisas linguísticas no Brasil. Letras PUC-Campinas, São Paulo, v. 23, n. 2, p. 91-111, jul./dez. 2004.

SOARES, M. Linguagem e escola: uma perspectiva social. 10. ed. São Paulo: Ática, 1993.

TARALLO, F. A pesquisa sociolinguística. São Paulo: Ática, 1985.

TEZZA, C. Dom ou técnica? Gazeta do Povo, Curitiba, 11 nov. 2008. Caderno G. Disponível em: <http://portal.rpc.com.br/gazetadopovo/colunistas/conteudo.phtml?tl=1&id=826833&tit=Dom-ou-tecnica>. Acesso em: 16 jul. 2009.

TRAVAGLIA, L. C. A caracterização de categorias de texto: tipos, gêneros e espécies. Alfa, São Paulo, v. 51, n. 1, p. 39-79, 2007. Disponível em: <http://www.alfa.ibilce.unesp.br/download/v51-1/03-Travaglia.pdf>. Acesso em: 11 jul. 2009.

UMA SENTENÇA à moda antiga. Diário do Nordeste, Fortaleza, 28 out. 2001, Caderno Gente, pág. 16.

VYGOTSKY, L. S. Formação social da mente. 4. ed. São Paulo: M. Fontes, 1991.

XAVIER, G. R. O preconceito antinordestino em piadas. Estudos Linguísticos, Taubaté, v. 32, maio 2003.

bibliografia comentada

BAGNO, M. O preconceito linguístico: o que é, como se faz. São Paulo: Loyola, 1999.

Trata-se de um verdadeiro manifesto contra o preconceito linguístico reinante no Brasil. Com um discurso claro e incisivo, Bagno procura popularizar o discurso da sociolinguística acerca das diferenças linguísticas, as quais não podem ser confundidas com deficiência. O processo de eleição de uma única norma como correta é cercado por mitos e equívocos, sobre os quais o autor procura lançar luzes a serviço da emancipação dos falantes.

BAGNO, M. Português brasileiro? Um convite à pesquisa. São Paulo: Parábola, 2000.

Esta é uma obra que procura introduzir a pesquisa como estratégia de conhecimento da língua em nossos sistemas de ensino. Na primeira parte, o autor faz uma crítica contundente e bastante didática à gramática tradicional, com base na qual apresenta uma proposta de observação e reflexão acerca de fenômenos linguísticos vividos em nosso dia a dia.

COSTA VAL, M. da G. Redação e textualidade. São Paulo: M. Fontes, 1991.

Esse livro se baseia no modelo de texto desenvolvido por Beaugrande e Dressler (1981), apresentando detalhadamente os fatores de textualidade e aplicando-os a um corpus de redações produzidas por vestibulandos. Constitui-se um instrumento prático para ser aplicado na análise e na avaliação de textos.

FIORIN, J. L.; SAVIOLI, F. P. Para entender o texto: leitura e redação. São Paulo: Ática, 1991.

Essa obra se constitui em um dos principais livros didáticos para ensino de compreensão e produção do texto organizados no Brasil. Os autores, reconhecidos estudiosos da linguagem, transpõem conceitos teóricos básicos para análise e produção de textos dos mais diversos gêneros. Por ser um livro direcionado a alunos do ensino médio, a teoria, os modelos, as análises e os exercícios são apresentados de forma muito clara e didática, podendo auxiliar os leitores a avançar no processo de aperfeiçoamento de leitura e produção textual.

KOCH, I. V. A coesão textual. São Paulo: Contexto, 1992.

Essa obra é referência básica para o estudo dos arranjos internos do texto. A autora parte da definição do que é coesão e apresenta análise de diferentes estratégias coesivas em variados tipos de textos.

MEURER, J. L.; MOTTA-ROTH, D. Gêneros textuais. São Paulo: Edusc, 2002.

Esse livro apresenta vários artigos de pesquisadores que apresentam e problematizam as teorias de gêneros aplicadas ao ensino e à análise de textos. É um livro voltado para especialistas e pouco acessível ao público leigo, indicado para quem deseja aprofundar e atualizar estudos sobre a linguagem.

NUNES, L. B. Livro: um encontro com Lygia Bojunga. São Paulo: Agir, 1988.

Trata-se de um depoimento sobre a aprendizagem da escrita da autora brasileira mais premiada internacionalmente: Lygia Bojunga Nunes. Através de uma prosa literária refinada e acessível, a autora relata os conflitos vividos durante suas relações com a escrita, desde as dificuldades ortográficas e o desgosto das aulas de português até a vital importância que a literatura exerceu sobre sua vida. É um livro válido como lição àqueles que acham que escrever é um dom e que depende apenas da criatividade individual.

ORLANDI, E. P. Análise de discurso: princípios e procedimentos. São Paulo: Pontes, 1999.

Trata-se de uma obra básica para quem quer iniciar-se nos estudos da análise do discurso. Filiada à vertente da análise de discurso francesa, a autora parte da conceituação da linguagem, do sujeito e da história para chegar a um dispositivo de análise do discurso. Ganham destaque conceitos-chave como ideologia, formação discursiva, interdiscurso, interpretação, esquecimentos, paráfrase e polissemia.

PÉCORA, A. Problemas de redação. São Paulo: M. Fontes, 1983.

Embora ancorado em um arcabouço teórico já ultrapassado, esse livro é importante por se constituir em uma das primeiras obras a sistematizar os problemas de textualidade encontrados nas produções textuais de escolares, mais precisamente vestibulandos. Os problemas abordados são de ordem interna ao texto, compreendendo a organização dos elementos no interior da oração, a organização das orações no interior do texto (coesão e coerência) e as falhas de argumentação (coerência).

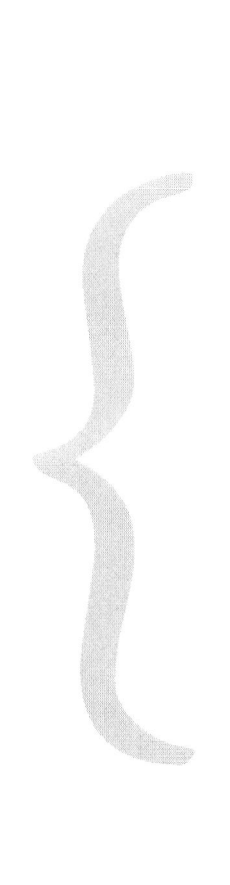

{

anexo

O preconceito antinordestino em piadas*

(The antinordestino prejudice in jokes)

Gildete Rocha XAVIER (Universidade Estadual de Feira de Santana)

ABSTRACT: This paper analyses the discourse of prejudice and discrimination in jokes about nordestinos. The analysis of the jokes leads us to conclude that they do not work as support for critic or revolutionary discourses, but on the contrary, according to Possenti (1998:49), they present extremely reactionary discourses.

KEYWORDS: discourse analysis; discursive formation; paraphrase; jokes; prejudice in language.

---

* XAVIER, G. R. O preconceito antinordestino em piadas. Estudos Linguísticos, Taubaté, v. 32, maio 2003.

Algumas palavras iniciais

Esse trabalho objetiva fazer um estudo sobre o discurso do preconceito e da discriminação veiculado em piadas sobre nordestinos brasileiros. Esse estudo se inscreve no campo da análise do discurso de linha francesa (AD).

As piadas, segundo Possenti (1998: 26), são um instrumento de análise extremamente interessante pois além de se constituírem quase que exclusivamente de temas considerados socialmente controversos, por exemplo: sexo, política, racismo, regionalismo – o que me interessa em particular nesse trabalho – ainda trabalham praticamente com estereótipos. Assim: todo judeu só pensa em dinheiro; todo português é burro; todos os advogados são corruptos; todas as loiras são burras e só pensam em sexo etc. Além disso, ainda segundo o autor, as piadas são interessantes porque geralmente veiculam "um discurso proibido, subterrâneo, não oficial" (idem). Embora à primeira vista, as piadas nem sempre são críticas ou revolucionárias. Como diz Possenti (1998: 49) "O humor pode ser extremamente reacionário, quando é uma forma de manifestação de um discurso veiculador de preconceitos..."

O preconceito antinordestino, segundo Magnoli (1998), vê no migrante o pobre. O nordestino é visto como diferente. Assim, enquanto o imigrante europeu é visto como a fonte do trabalho e da riqueza, o nordestino aparece como a fonte da preguiça e da pobreza.

Dessa forma, os nordestinos, de uma maneira geral, são vistos como um povo que serve de mão de obra barata para o Sul/Sudeste do país. Um povo tomado pela miséria e pela falta de perspectivas. Além disso, um povo cuja identidade é, muitas vezes, caracterizada pelos traços físicos que correspondem ao esteriótipo de um nordestino, atestado, por exemplo, na piada abaixo:

> D1. "*Viajando há horas por uma estradinha do interior do nordeste, um caixeiro-viajante, de repente, avista adiante um forte clarão de luz. Ao se aproximar, ele vê contra a luz a silhueta de um ser estranhíssimo: cabeça grande, corpo pequeno, pernas finas dobradas, os braços se arrastando pelo chão. Julgando tratar-se de um E.T., o caixeiro-viajante toma coragem e se apresenta:*
> *- Edmilson, terráqueo, caixeiro-viajante, fazendo contato!*
> *Do meio daquela forte luz, vem uma voz que responde:*
> *- Jesuíno, paraibano, motorista de caminhão, fazendo cocô!*"

Como diz Penna, (1992: 77), "Os traços físicos do nordestino, do índio, do negro, do japonês são frequentemente priorizados, nos esquemas de percepção e de classificação dominantes, como critério para a imputação de identidade – e a consequente qualificação do indivíduo.

As piadas

Embora seja consenso a afirmação de que as piadas são textos que circulam no anonimato, é preciso ter em mente que a pessoa que conta uma piada é, de alguma forma, responsável pelo discurso veiculado por ela. O discurso é visto por Foucault (1969) como uma família de enunciados que pertencem a uma mesma formação discursiva. O sujeito que reenuncia piadas de negro, judeu, nordestino etc..., por exemplo, não pode ser considerado como isento de preconceito e discriminação, pois o fato mesmo da enunciação já indica algum grau de comprometimento do enunciador com o discurso que as piadas veiculam.

As piadas são relativamente poucas. Geralmente, os livros de piadas tratam dos mesmos temas. Da mesma forma, são poucas também as coisas que são ditas a partir de um determinado tema. Dito de outra forma, as várias enunciações que um determinado discurso produz podem ser reduzidas a poucos enunciados básicos. Este é o caso dos textos abaixo sobre o baiano que podem ser reduzidos aos seguintes enunciados básicos: *o baiano não quer nada com o trabalho, ele gosta mesmo é de festa, é preguiçoso, e é devagar, quase parando.*

Grande parte dos dados do *corpus* que tematizam o baiano dizem, de uma forma ou de outra, que o *baiano é preguiçoso*. Como veremos, muitas vezes não é difícil se chegar a esse enunciado, uma vez que em vários dados ele se encontra explicitado na superfície material do discurso. Outras vezes, porém essa mesma leitura só será possível a partir do trabalho de análise do pesquisador:

D2. *Sonho de baiano é coco já vir ralado.*
D3. *Nos restaurantes baianos, a pressa é inimiga da refeição.*
D4. *Dentre todos os povos do mundo, o baiano se destaca. Se destaca e vai até em casa puxar um ronco.*
D5. *Vírus: Te Amo, Meu Rei*
Especialistas do mundo da virologia informática acabam de descobrir uma perigosa variante do vírus "I Love You". – a espécie baiana denominada "Te Amo, Meu Rei". O "Te Amo, Meu Rei" aparece sob

a forma de um e-mail, geralmente com um lapso de várias semanas entre a data de envio e a data de recepção. Essa mensagem, se aberta, desencadeia uma série de consequências, que tornam o "Te Amo, Meu Rei" um dos mais temidos vírus informáticos do século! Aberta a mensagem, o vírus instala-se no computador, tomando de assalto o Windows. Imediatamente é substituído o arquivo workfast.bat pelo arquivo peraí-moço. Resultado prático dessa ação: a inicialização do Windows passará a demorar várias horas! Mas o mais grave de tudo é o fato de o "Te Amo, Meu Rei" renomear o MS Outlook para "Correio Vagaroso" e reenviar automaticamente para a mailing list a mensagem inicial, que chegará aos destinatários, segundo os especialistas, no decurso do próximo milênio. Sintomas evidentes de contaminação do seu computador pelo "Te Amo, Meu Rei" podem não ser imediatamente perceptíveis, já que, por vezes, este perigoso vírus começa por atacar o utilizador antes de se focar na máquina. É verdade! Se sentir uma quebra do seu ritmo de trabalho habitual, um arrastar de voz que não consegue justificar e alterações na pronúncia habitual, sonolência ou outros sintomas letárgicos, pode ter a certeza: o "Te Amo, Meu Rei" chegou até si! Recomenda-se que na presença de uma mensagem com o título "Te Amo, Meu Rei" a elimine de imediato, o que, mesmo assim, não impede o desencadear de sintomatologia no utilizador. Pensa-se que este vírus terá sido desenvolvido por um perigoso hacker baiano, que se auto-intitula Chapado e as várias empresas criadoras de antivírus estão a procurar um antídoto eficaz... por enquanto sem sucesso. Fique alerta para outros nomes que o "Te Amo, Meu Rei" pode utilizar: "Piadalenta", "Caracol, bicho veloz", "Mais vale uma mão inchada do que uma enxada na mão". Previna-se! Esteja alerta!

D6. Numa estrada do sertão nordestino, o jegue de Severino empaca e não há nada que faça o bicho se mexer. Nisso, aparece um veterinário em visita a uma das fazendas da região, que se compadece da situação de Severino, abre a sua maletinha, tira uma seringa e dá uma injeção no jegue que sai chispando a toda velocidade. Admirado, Severino vira-se para o doutor e pergunta: - Quanto custa essa injeção? – Cinco reais! – Oxente, então vai rápido e me dê logo duas que eu tenho de alcançar esse jegue!

D7. Dizem as más línguas que a melhor mulher do mundo para fazer um boquete é a Paraibana: é baixinha... dá na altura certa. Não tem dentes... Não machuca. Tem orelhas grandes... para puxar e empurrar. Tem cabeça chata... para colocar o copo de uísque.

Em D2 (*Sonho de baiano é coco já vir ralado*), temos um discurso que afirma que o baiano é preguiçoso. Embora esse discurso não se dê de forma explícita, não é difícil se chegar até ele. Sabendo-se que o coco é uma fruta muito usada na culinária baiana, e que, para ser usado, ele, geralmente, tem que ser ralado, e isso demanda um certo esforço por parte do ralador, poderíamos parafrasear o enunciado em D2 da seguinte maneira: *Sonho de baiano é não ter que fazer esforço, nem mesmo para ralar um coco*. E, *sonhar em não ter que fazer esforço* pode ser entendido como *sonhar em não ter que trabalhar*. O que autoriza essa interpretação parece ser a formação discursiva a partir da qual *sonhar com coco já vir ralado* é o mesmo que *desejar viver na ociosidade*, o que levaria ao "dizer sedimentado": *baiano é preguiçoso*.

A paráfrase é vista como um processo discursivo em que a produção de sentidos novos é considerada tão somente como um retorno ao mesmo. Uma formação discursiva se constitui a partir de um sistema de paráfrase, ou seja, configura um espaço no qual os enunciados são "retomados e reformulados num esforço constante de fechamento de suas fronteiras em busca da preservação de uma identidade" (Brandão, 1996: 39).

A formação discursiva, segundo Orlandi (2001), é definida como aquilo que determina o que pode e deve ser dito a partir de uma determinada formação ideológica. Assim, o discurso se constituiria em seus sentidos pelo fato de que aquilo que o sujeito diz pertence a uma dada formação discursiva para ter um sentido e não outro. Daí se poder entender que o sentido não está nas palavras, mas elas buscam seus sentidos nas formações discursivas em que se inserem. Como as formações discursivas representam no discurso as formações ideológicas, os sentidos, consequentemente, serão determinados ideologicamente. Dessa forma, os sentidos não estão prontos, eles dependem de relações que são criadas pelas formações discursivas.

A mesma discriminação veiculada pelo discurso de D2 pode ser encontrada em outros dados que, embora sejam capazes de produzir humor, não estão isentos de preconceitos. Por exemplo, os dados D3 (*Nos restaurantes baianos, a pressa é inimiga da refeição*) e D4 (*Dentre todos os povos do mundo, o baiano se destaca. Se destaca e vai até em casa puxar um ronco*).

No enunciado D3, originado a partir de um provérbio, o que provoca humor é o desvio não esperado. O nome *refeição*, ao alterar a segunda parte do enunciado, desvia completamente o sentido do texto. Ou seja, um sentido é totalmente destruído para a construção de um sentido diferente. Ao iniciarmos a leitura desse texto prevemos um sentido, aquele cristalizado pelo senso comum, em seguida nos deparamos com outro sentido, responsável pelo efeito de humor. Esse riso, entretanto, se daria apenas da perspectiva enunciativa ou ideológica da formação discursiva dentro da qual o efeito de humor foi produzido.

Em D4 (*Dentre todos os povos do mundo, o baiano se destaca. Se destaca e vai até em casa puxar um ronco*) o enunciado surpreende porque joga com o sentido do verbo *destacar*. Temos para o verbo *destacar*, segundo o dicionário *Aurélio*: a) *sobressair, salientar-se, distinguir-se* – e este é o sentido de *destacar* esperado em D4 – e b) *separar-se, desligar-se*. Ao relacionar o verbo *destacar* à expressão *ir até em casa puxar um ronco*, o enunciado D4 enfatiza uma vez mais a diferença entre o povo baiano e todos os outros povos. Ou seja, o simples fato de ser baiano é motivo suficiente para ser considerado como preguiçoso. Ou seja, a naturalidade estaria relacionada de alguma forma com o caráter das pessoas. Ao afirmar que o baiano *"Se destaca e vai em casa puxar um ronco"*, a piada nos leva a reinterpretar o verbo *destaca* a partir da imagem estereotipada do baiano presente na formação discursiva que permite o discurso de que o baiano é preguiçoso.

Através do dado D5 ("Te Amo, Meu Rei") percebe-se o quanto o discurso de que o baiano é preguiçoso parece estar pronto. Aqui, o discurso da preguiça do baiano transfere-se para o mundo da informática. Isso vem corroborar a tese de que esse discurso funcionaria como um pré-construído já que pode ser encontrado até mesmo nas formas mais inusitadas desde que venha reproduzir a mesma ideologia de depreciação do baiano. O pré-construido, termo introduzido por Henry (1975) vai designar aquilo que aponta para uma construção anterior e exterior, independente, por oposição ao que é "construído" pelo enunciado (Brandão, 1996). É o elemento que aparece na superfície do discurso como se estivesse "já-ai". Aquele que foi produzido em outros discursos, que é anterior ao discurso que está sendo estudado e, ao mesmo tempo, independente dele. Nessa piada, pode-se observar que não há uma preocupação em ocultar esse sentido – de que o baiano é preguiçoso. Ao contrário, esse sentido aparece de forma explícita através das expressões: "um lapso de várias semanas", "demorar várias horas", "Correio Vagaroso", "Piadalenta", "Caracol, bicho velos". Ou seja, o baiano é preguiçoso, é lento, e isso pode ser constatado até no cenário da informática.

Dessa forma, a partir dos estereótipos atribuídos ao baiano pelo discurso da discriminação, ou seja, que os baianos são preguiçosos, e não são aptos para o trabalho, impõe-se a interpretação da piada. O discurso subjacente a esta piada – o da preguiça e da inaptidão do baiano para o trabalho – é reforçado pelo discurso qe pode ser materializado da seguinte forma: o baiano é tão preguiçoso, tão inapto para o trabalho que até computador fica lento, preguiçoso quando infectado por um vírus baiano.

O discurso que constrói o estereótipo do baiano enquanto preguiçoso, lento, indolente, burro etc... se materializa em outros enunciados que circulam sob forma de piada e que tematizam o nordestino de um modo geral. É o caso do dado D6. Nessa piada, o que provocaria humor seria a associação maldosa do nordestino ao jegue. Mas esse riso só se justifica para aqueles que se colocam na perspectiva enunciativa a partir da qual o discurso da discriminação é produzido. Por um lado, o nordestino está sendo comparado ao jegue enquanto "animal mamífero, facilmente domesticável e utilizado desde tempos imemoriais como animal de tração e carga" (cf. dicionário Aurélio). Por outro lado, está sendo associado ao um "indivíduo bronco, curto de inteligência; estúpido, imbecil" (idem). Aqui se tem, portanto, a caricaturação do nordestino enquanto burro de carga, mas também enquanto estúpido, imbecil já que, no seu entendimento, a injeção que fez o animal sair em disparada, fará com que ele (o nordestino) possa alcançá-lo se usar uma dose dupla da mesma injeção.

Outra piada de nordestino, mais especificamente de paraibano, em que é possível constatar como o nordestino tem sido visto historicamente pelos grupos sociais que o marginalizaram é a que se encontra em D1. Aqui, se tem a caricaturação do nordestino enquanto um ser de outro planeta a partir dos traços físicos que lhe são atribuídos: cabeça grande, corpo pequeno e pernas finas. Entretanto, aquilo que, à primeira vista, parecia lembrar um ET acaba por revelar nada mais nada menos que a figura de um nordestino, mais precisamente, de um paraibano, cuja compleição física parece ser suficiente para caracterizar a diferença entre os nordestinos e os não-nordestinos. A ideia subjacente ao discurso veiculado aqui é a de inferioridade do nordestino em decorrência do estado de penúria em que vive. A figura do nordestino apresentada aqui revela a condição de pobreza, de sofrimento, de fome, de miséria de que o nordestino tem sido vítima ao longo da sua história.

O mesmo discurso de discriminação veiculado em piadas do tipo da acima analisada, é também encontrado em piadas que carregam um alto grau de vulgaridade. Este é o caso do dado D7. Aqui, o discurso da discriminação se dá pela degradação e depreciação da figura da mulher paraibana, através das características físicas atribuídas a ela. Assim, as expressões *ser baixinha, não ter dentes, ter orelhas grandes e ter cabeça chata* quando enunciadas além de degradarem, por si só, a imagem da mulher paraibana, quando associadas às expressões *da na altura certa, não machuca, para puxar e empurrar, para colocar o copo de uísque* numa relação de causa e efeito, esse discurso consegue evidenciar a depreciação da mulher paraibana e a violência a que ela está exposta. Essa piada, embora de mau gosto, ainda assim é capaz de provocar o riso. Não o riso inocente, mas o riso social e cúmplice. Bérgson (1980) afirma que "o nosso riso é sempre o riso de um grupo" não o riso inocente, uma vez que "precisa de eco" e exige o pertencimento ao qual ele chama de "mesma paróquia" (apud Perez, 2000: 97). Não existe inocência no riso do preconceito e da discriminação, mas o riso da "insensibilidade" (idem).

Considerações finais

Analisando o discurso veiculado nas piadas acima pudemos ver que, ao contrário do que diz o senso comum, as piadas não funcionam como suporte para discursos revolucionários, mas se configuram, segundo Possenti (1998: 49), como veiculo de discursos extremamente reacionários. O que se pode concluir a partir dos dados aqui analisados é que as piadas não podem ser consideradas, de forma nenhuma, como textos inocentes de humor. As piadas não são neutras, ao contrário, elas reproduzem discursos que já existem independentemente delas. Elas são veículo de ideologias. Portanto, o discurso do preconceito e da discriminação presente nas piadas que falam de nordestinos, aqui analisadas, não é uma coisa nova, pois certamente esse discurso já circula de alguma outra forma.

RESUMO: Esse trabalho objetiva analisar o discurso do preconceito e discriminação veiculado em piadas sobre nordestinos. A análise das piadas permitiu constatar que estas não funcionam como suporte para discursos críticos ou revolucionários, mas, como diz Possenti (1998: 49), como veículo de discursos extremamente reacionários.

PALAVRAS-CHAVE: análise do discurso; preconceito na linguagem; piadas; paráfrase; formação discursiva.

Referências bibliográficas

AVIZ, L. **As melhores piadas que circulam na internet.** Rio de Janeiro: Record, 2001.

BRANDÃO, H. H. N. (1988). **Introdução à análise do discurso.** Campinas: Editora da Unicamp, 1996.

FOUCAULT, M. (1969). **Arqueologia do saber.** Rio de Janeiro: Forense Universitária, 1997.

MAGNOLI, D. Nem Bósnia nem Belíndia. In: **Identidade nacional em debate.** São Paulo: Moderna, 1998. (Col. Debate na Escola).

ORLANDI, P. E. **Análise do discurso.** Campinas: Pontes, 2001.

PENNA, M. **O que faz ser nordestino.** São Paulo: Cortez Editora, 1992.

POSSENTI, S. **Os humores da língua.** Campinas: Mercado de Letras, 1998.

SARRUMOR, L. **Mais mil piadas do Brasil.** São Paulo: Nova Alexandria, 1999.

respostas

um
Atividades de autoavaliação
1. d
2. c
3. c
4. d
5. d

dois
Atividades de autoavaliação
1. a
2. d
3. c
4. c
5. a

três
Atividades de autoavaliação
1. b
2. c
3. b
4. d
5. b

quatro
Atividades de autoavaliação
1. a
2. d
3. a
4. c
5. c

cinco

Atividades de autoavaliação

1. d
2. a
3. c
4. b
5. c

seis

Atividades de autoavaliação

1. b
2. c
3. c
4. d
5. a

os autores

SCHIRLEY HORÁCIO DE GOIS HARTMANN possui graduação em Letras pela Pontifícia Universidade Católica do Paraná (PUCPR), especialização em Ensino de Língua Portuguesa e Literatura Brasileira pela Universidade Tuiuti do Paraná (UTP) e em Língua Portuguesa e Literatura Infantil nas Séries Iniciais pela PUCPR e mestrado em Linguística pela Universidade Federal do Paraná (UFPR). Lecionou por 15 anos na área de língua portuguesa e literatura no ensino fundamental e no ensino médio, além de ter trabalhado na produção de materiais didáticos para diferentes editoras. Atualmente, na área editorial, trabalha com edição e revisão de textos. É também professora em cursos de pós-graduação, atuando principalmente com os seguintes temas: linguística e ensino, aquisição da escrita e letramento.

❰ SEBASTIÃO DONIZETE SANTAROSA possui graduação em Letras pela Pontifícia Universidade Católica do Paraná (PUCPR), especialização em Ensino de Língua Portuguesa e Literatura Brasileira pela Universidade Tuiuti do Paraná (UTP) e em Linguística pelo Instituto de Estudos da Linguagem (IEL) da Unicamp e mestrado em Linguística pela Universidade Federal do Paraná (UFPR). É professor há 15 anos, tendo trabalhado em várias instituições educacionais e em diferentes níveis de ensino, inclusive na área de formação de professores. Atualmente, é professor da educação básica na rede pública do Estado do Paraná e atua principalmente com os seguintes temas: linguística e ensino, aquisição da escrita e letramento.

Impressão: BSSCARD
Outubro/2013